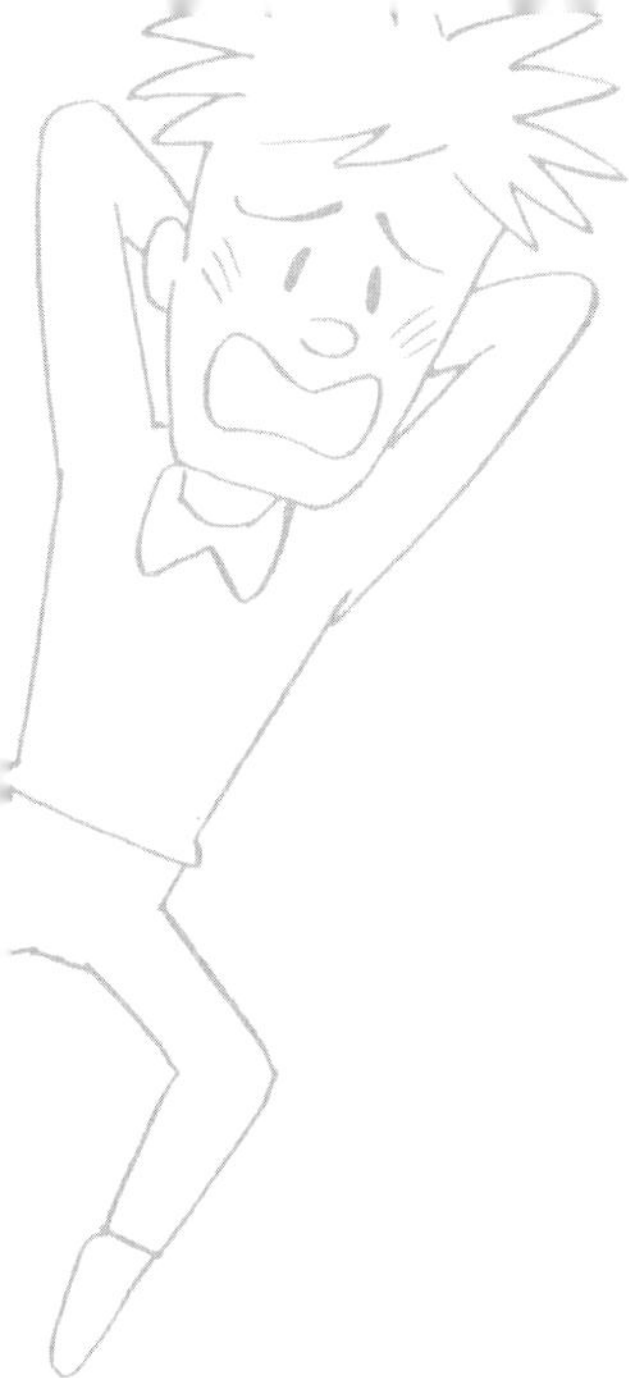

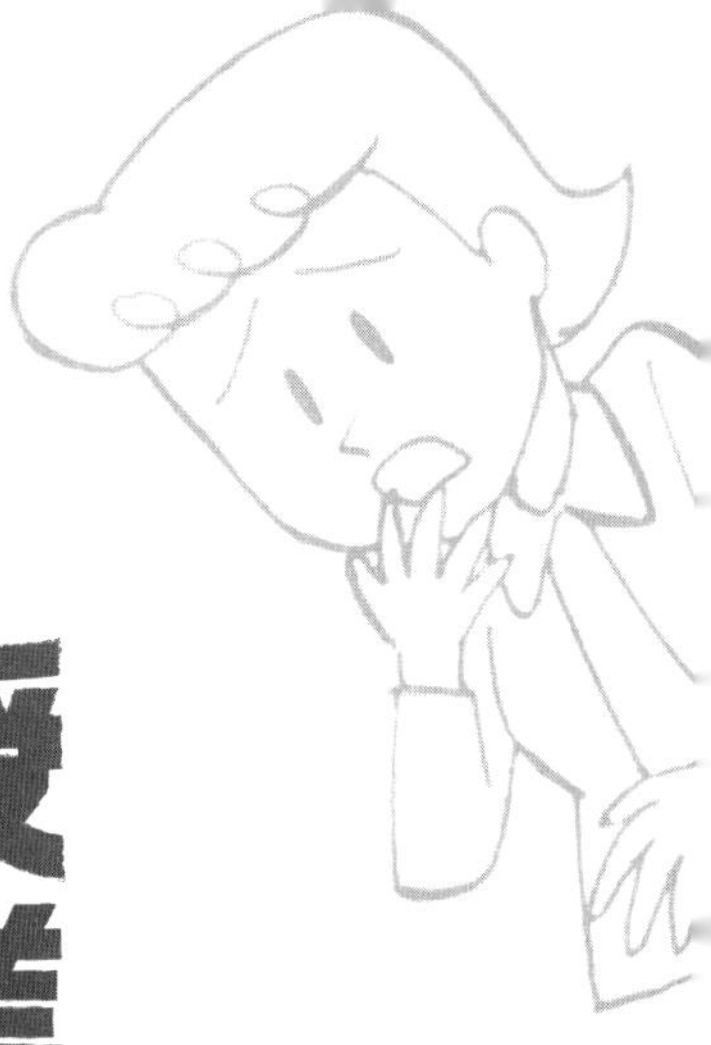

授業を見直す16のポイント

信頼を育む9つのわざ

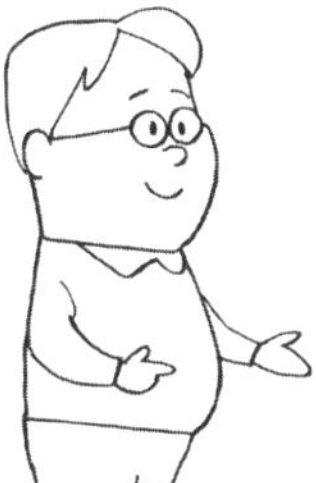

齋藤 修

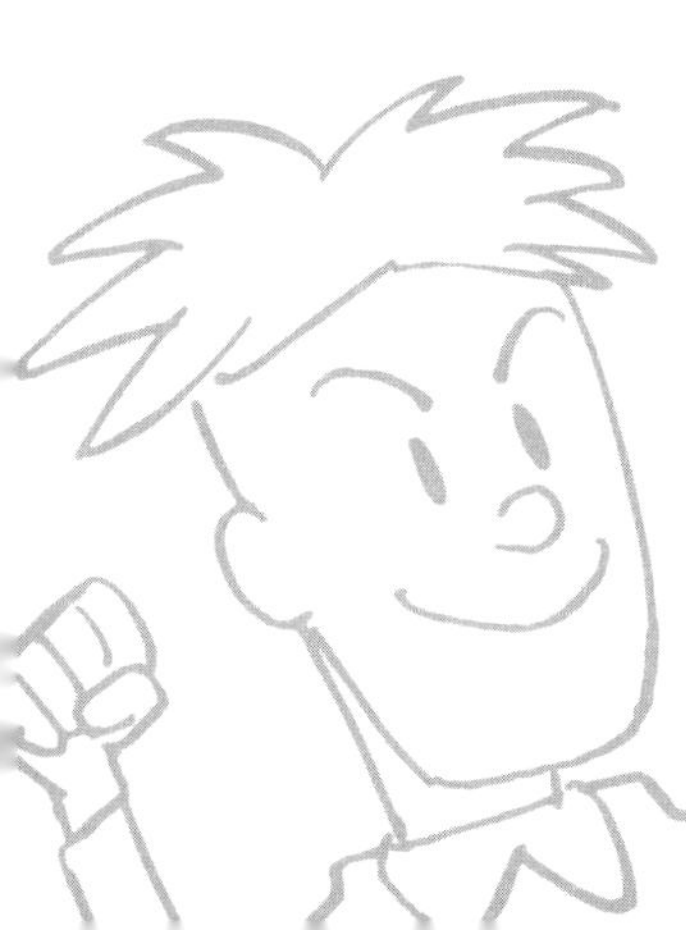

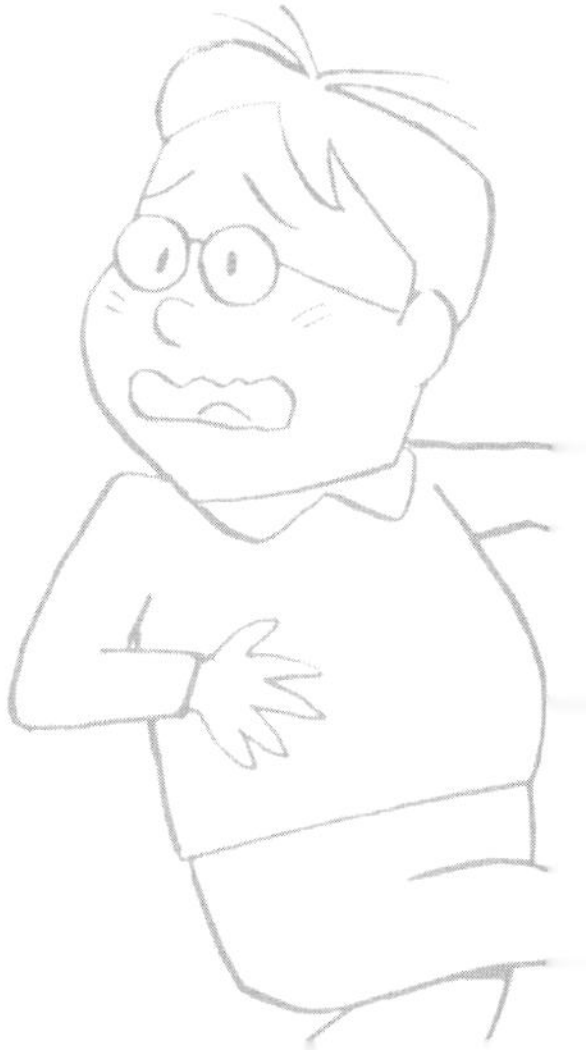

高文研

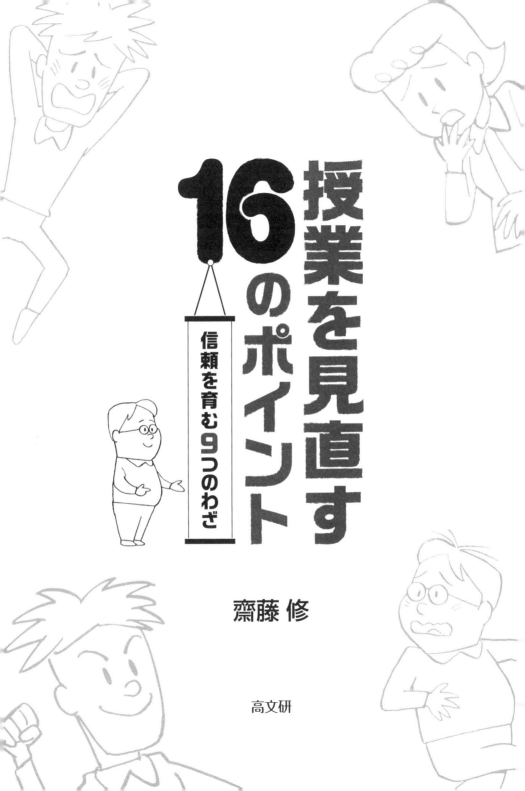

はじめに

「自分が話している最中に子どもから質問が出て、話が前に進まない」
「まちがった答えの発言を、どうやって授業に生かせばいいのかわからない」……
こういったことに、私も若い頃に悩まされました。教師の誰もが直面する課題です。

私は、三五年間の教員生活の中で小学生三五クラスを担任し、約一〇〇〇名の子どもたちと出会ってきました。この三五年間はつまずきと失敗の連続であり、自分が教師であり続けられるのか常に不安を抱えながらの日々でした。それでも、子どもの成長する姿に出会えることはとても大きな喜びでした。その喜びが教師であり続ける大きな支えでした。

退職後は二年間、初任者指導教員として初任の先生の指導を担当しました。

初任の先生にとって教師一年目は本当に大変です。私も初任のときは苦労の連続でしたが、今の先生は私の時代に比べて数十倍大変です。子どもたちは大きく変化しており、職場や保護者の初任の先生への寛容は低下し、失敗やつまずきを許さない雰囲気が年々高まっています。初任の先生を取り巻く環境は厳しくなり、生きづらさが益々増大しています。

特に四月、五月は最も苦しい時期です。ある先生は、「暗闇の中を手探りで歩いているようです」と話していました。

年度当初は、児童名簿の作成、健康診断票の作成など提出文書が山積みです。職員会議や分掌ごとの会議が毎日続きます。さらに五、六時間の授業の準備をしなければなりません。ベテランの教師でさえこの時期を乗り越えるのは大変です。初任の先生が日を追うごとに疲れていくのがわかります。

この時期を乗り越えるために、「今日一日いろいろな失敗やつまずきがあっても反省しない。明日のことだけを考えよう」そして、「疲れたときこそ子どもと遊ぼう」をモットーにしながら、できるところからスモールステップで初任の先生と一緒に進んでいきました。

子どもたちにとって年齢が近い先生はとても魅力的です。授業でどんなに失敗やつまずきがあっても休み時間になると「先生、先生、遊ぼう」と遊びに誘ってくれます。両腕にぶら下がりながら、教師の周りに集まってきます。子どもたちは寛容です。

子どもたちの笑顔、子どもたちとのおしゃべりは教師にエネルギーを取り戻してくれます。子どもたちの前でとてもステキな笑顔を見せる初任の先生がいました。教師の笑顔は子どもたちに安心と意欲を生み出します。私は、この笑顔が教師にとって最も大切なことであり、子どもとつながる大きな力になることをその先生から改めて学ぶことができました。

授業づくりにも少しずつ取り組んでいきました。教師と子ども、子ども同士の「話す」「聞く」関係の成立を第一に取り組み、そのためにしてほしいこと、すべきことを伝えていきました。

本書は特に初任の先生が授業の中でつまずいたときに、私のこれまでの経験や学んだことから「次はこうしてほしい」「こういう方法もあるな」と考えたことをまとめました。

しかし、ここにまとめたことはマニュアルではありません。方法は教師の子ども観や指導観に支えられています。ですから長い教師生活の中で、子ども観や指導観を磨きながら、授業の方法や学級づくりの方法を身に付けてほしいと思っています。この本がそのための参考になればと願っています。

◆——もくじ

第Ⅱ部

信頼を育む9つのわざ

カバー・本文マンガ……………広中建次

装　丁・商業デザインセンター……山田由貴

第Ⅰ部

授業を見直す16のポイント

1 朝の会での話し方のポイント

Question

多くの教師が最初に出会う試練は、子どもの前で自分の思いを上手に伝えられないことです。その原因のひとつが話の途中での子どもたちの介入です。初任のカン太先生もその試練に苦しんでいました。

中でもつらいのが朝の会です。カン太先生が話し始めると、子どもたちが話に介入してきて、最後まで話ができないのです。こんな具合です。

T「今日の連絡をします。一時間目は体育で…」
C「先生、今日の体育はどこでやるの？」
T「今日は体育館でやるよ」
C「先生、跳び箱やるの？」
C「何段までやるの？」

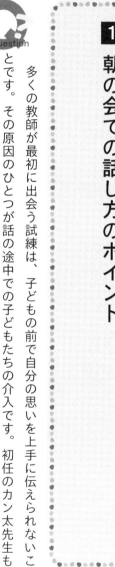

C「先生、五段までやって！」
T「静かに聞きなさい、今から話します」
こんな調子で、いつも最後まで話ができず、しかもつい途中で「うるさい！　静かに聞いて」と注意することも多く、朝から教室はざわざわとなります。毎日がこの調子ですから、カン太先生のストレスはたまっていくばかりです。
いったいこんなとき、どうしたらいいのでしょう。カン太先生のどこが問題なのでしょうか。

Answer

①話は、数字を使って簡潔に

子どもは長い話を嫌がります。いつまで続くかわからない話を待てません。だから、途中で教師の話に介入してしまいます。

子どもたちはどの子も先生と話したいと思っています。そこで第一のポイントは、「数字を使って」「簡潔に話す」ということが大事です。

T「これから三つのことを話します」（指を折りながら）

T「一つ目は今日の予定です。今日は国語、算数、体育、理科、総合です」

T「二つ目は体育についてです。体育館で跳び箱をやります」

T「三つ目は昨日の生活で良かったことです。昨日は国語で気持ちを深く読み取ることができました。友だちの発言への付け加えも増えてきました。発言する力がついてきています」

T「質問がありますか？」

質問には丁寧に対応していきます。

このスタイルを毎日の生活で地道に積み重ねていくことで、少しずつ子どもたちの介入が減っていき、やがてカン太先生も落ち着いて話すことができるようになっていきました。

②話の途中で介入してくる子どもには応答しない

子どもが話したいときや、聞きたいことがあるとき、家庭ではすぐに応答してくれる人がいます。しかし、集団生活ではそうはいきません。待つことを学んでいくことも必要です。

学年当初は、話の途中での介入には、応答しないようにしましょう。その代わり話の終わった後には「質問タイム」を取り、質問には丁寧に答えるようにします。そうすることで、子どもの介入は減っていきます。

こうした積み重ねによって子どもの介入がなくなり、教師の話を最後まで聞く力が少しずつ育っていきます。やがて「話す」「聞く」関係が成立してくると子どもの小さなつぶやきの「声」が聞こえてくるようになります。

③教師の話は一分三〇秒以内に

ついつい自分の思いが先走り、長々と話してしまうことがあります。そうして「こんなに熱心に話しているのに、聞いていない子どもが悪い」と考えてしまいがちです。子どものせいにしているうちは、教師の話す力を向上させることはできません。

教師にとって話す力をつけていくことは、教師であり続ける限り、学び続けなければならない重要な課題です。

話し方を意識して

ダラダラダラダラダラダラ……
ダラ
長々と話してはダメ
起承転結を意識して
ひとつの話題は1分30秒以内にまとめる
だから〜
それから〜
そして〜
でも〜
接続詞は使わない!
職場の先生、研究会での先輩教師、いろんな人の話し方から学ぶ
落語の話し方から学んだ人もいる
ジュゲム

話し方の第一歩として、話をするときには、シンプルに、句点をつけながら簡潔に話すようにしてみましょう。

ひとつの話題を長くても一分三〇秒以内にまとめて、簡潔に話すようにします。連絡、注意、ほめることなども、一分三〇秒以内に起承転結を意識しながら話していくようにします。

また、「だから〜、それから〜、そして〜、でも〜」などの接続詞を使わずに、話に句点を使って箇条書きのように話すことを意識すると、話が簡潔化してきます。

そのためには、いろいろな人の話し方から学んでいくようにしましょう。職場の先生、研究会での先輩教師の話し方など、学ぶ機会はたくさんあります。落語から話し方や間の取り方などを学んだという先生もいます。

私は教師になってからずっと地域の生活指導サークルで学んできました。そこには大変優れた教師がいて、実践だけでなく、話し方や話の聞き方など大いに学ぶことができました。私にとっては憧れの教師であり、目指す教師となりました。

憧れの教師、目指す教師の話し方のまねから始めてみるのも力量アップの方法です。

2 机間指導のポイント

Question

算数の授業中です。タツヤ先生は授業の後半で適用問題として、かけ算の筆算を一〇問出しました。すると終わった子から、「先生！　先生！」と元気よく先生を呼ぶ声が教室中に響き始めます。

タツヤ先生は机の間を飛び回りながらマルをつけていくのですが、一〇問全部にマルをつけるには時間がかかります。待っている子の「先生！　先生！」の声は次第にエスカレートし、学級全体が騒然とし、立ち歩きながらマルつけを求めてくる子どもも出てきました。さあ、大変です。

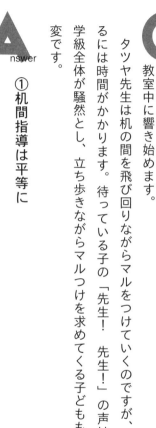

Answer

①机間指導は平等に

子どもたちはなぜ大きな声で先生を呼ぶのでしょう。これは、教師の机間指導が平等に行われていないことにも原因があるようです。タツヤ先生の机間指導のやり方をよく観察してみると、いつも同じ列から回り、同じところで戻っていくのです。そのために、いつも先生に見てもらえない子どもたちがいました。その子たちが、「先生、こっちに来て！　僕を見て！」という思いで先生を呼んでいます。

また、先生が回ってくるまで待てない子どもたちの声が大きくなっていきます。どの子も先生に早く見てほしいのです。机間指導中に先生を呼ぶ声は、考え中の子どもにとっては焦りとなり、学習意欲を奪っていきます。

こんな場合、教師は問題を出してから少し間をおいて、端の列から順番に机間指導をするようにします。そして**全部できていなくても、できたところまでマルをつけていきます。**最後の列の子どもを見て一回目の指導が終わったら、「二回目、回ります」と、再び端から順に回っていきます。**全員平等に二回見て回るようにします。**全員を必ず回ること、二回回ること、スタートは変えるが回り方はいつも同じであることを「机間指導の回り方のルール」として子どもたちに伝えておきます。このルールが定着し、先生が必ず自分を見てくれることがわかってくると、子どもたちは安心して待つことができるようになり、「先生」を呼ぶ声は次第に消えていきます。

では、なぜ二回回るかというと、一回目は指示したことがなされているか、つまずいていないかを点検しながら回るようにします。二回目は一人ひとりの子どもたちの反応の違いを見ながら、

机間指導のポイント

これからの授業の進め方を考えながら回るようにします。状況によっては三回回ることもあります。

机間指導はマルつけのためだけでなく、子ども一人ひとりの状況を把握しながら回るようにします。子どもは自分を大切にしてくれる教師を信頼し、指導を受け入れてくれます。

② 立ち止まりの時間は三〇秒以内

タツヤ先生の机間指導には、子どもたちをザワザワさせる原因がもうひとつありました。それ

コマ1: 机間指導は端の列から順番に回る／できたところまでマルをつけていく

コマ2: 一回目の指導が終わったら再び端から順に回る／「二回目回ります」

コマ3: 立ち止まっての個人指導は30秒以内

コマ4: どうしても授業中の個人指導が必要なときにはやるべきことを伝える／終わったら読書

は、机間指導中、つまずいている子どものところにひざまずいて丁寧に教えていることです。つまずいている子どもを放っておけないのです。立ち止まって教える時間が二分、三分と過ぎていきます。すると、早くできた子どもたちのおしゃべりが始まり、学級は騒然としてきます。

タツヤ先生は一人の子どもにつきっきりになってしまい、集団がどういう状態になっているのかが見えなくなっていました。

授業では集団指導が大切です。授業中に個人指導で立ち止まって指導する時間は三〇秒以内にしましょう。それ以上長い時間立ち止まっていると、周りの子どもたちの集中力は徐々に失われ、授業のテンポも悪くなっていきます。

つまずいている子どもには、三〇秒あれば赤鉛筆でノートにヒントを書いてあげたり、問題を簡単な問題に代えてあげたりすることもできます。どうしても授業中の個人指導が必要なときには、黒板に「終わったら読書」など早く終わった子どもにやるべきことを伝えておくようにします。

つまずいている子どもに、さらにしっかりと教えるには、昼休みの時間など個人指導の時間を保障して、丁寧に教えてあげましょう。

3 学級を崩壊させない最初の一歩、そのポイント

Question

さくら先生の学級には、授業中ノートを出さずに机に伏しているK男がいました。机間指導中、先生はK男に向かって、「ノートを出しなさい」「どうしてやらないの」と注意し始めました。教師として当然の声かけです。

その声は次第に怒気を帯びていきました。先生のイライラが伝わってきます。「うるさいな」「やりたくない」と、K男は反抗的態度を見せ始めたのです。二人の「力くらべ」が始まりました。先生の声は「子どもには負けられない」という思いから声で抑え込もうと、より強くなっていきます。K男は黙り込み、先生をにらみ付ける目つきはより鋭くなっていき、授業の雰囲気は一気に崩れていきました。

学級の構図「2対6対2」

Answer

①大切なのは八割の子どもたち

こんなとき、大切にしたいのは、やろうとしない子どもよりも、真面目に学習に取り組んでいる子どもたちです。そして、授業中には子どもとの「力くらべ」は避けるようにします。

学級集団は一般的に、自分から進んで取り組む二割の子どもたちと、指示されたことは真面目にやろうとする中間層の六割の子どもたち、やる気を欠き、ときには授業を妨害する二割の子どもたちとに分かれています。「2―6―2」が集団の原則です。

授業中は真面目に取り組んでいる八割の子どもたちをしっかりと見てあげるようにしましょう。八割の子が教師を信頼し、指導を受け入れてくれれば学級は崩れません。残り二割の子がどんなに自分勝手な行動をしても二割の力では学級が崩れることはありません。

しかし、中間層の六割の子が、荒れている子どもの行動を認めたり、同調してしまうと、学級は一気に崩壊への道へと進んでいきます。この六割の子どもたちの信頼を得るためにも授業中に頑張ったことをしっかりと認めてあげることが大切です。

②教師の指導を拒否する子への指導

K男のように、教師の指導を拒否する子どもには授業中は「できたら見るからね」と笑顔で話しかけ刺激しないようにします。そして授業後に急がずゆっくりと対話しながら、その拒否の意味を探っていく必要があります。完璧主義に陥らずに、ゆっくり深呼吸しながら、スモールステップで進んでいきましょう。

4

子どもを学習に誘い込む導入のポイント

Question

「休み時間に廊下を走った子は立ちなさい」「宿題を忘れた子は、その理由を言ってください」「明日の図工で使う材料はそろっていますか。今日までにそろえることになっていますよ」などなど。

カン太先生の授業は、注意や連絡から始まることが度々見られました。

子どもたちの学校生活は注意しなければならないことが次から次へと起こります。注意は一旦心の中にしまい、どのように話すか、いつ話したらよいかを考えるようにします。

しかし、どうしてもイライラを抑えられずに、授業の最初に注意してしまいます。注意の仕方もくどくなり、授業の導入から子どもたちを学習に誘い込めません。子どもたちの学習意欲を喚起することができずに学習が始まっていきます。

また、カン太先生の学級は、授業が始まってからその時間の準備をしていました。そのために最初の三分間が過ぎてしまいます。さらに、集めてあったノートを授業が始まってから配ることもあり、最初の五分間がつぶれ、ザワザワした状態から授業がスタートしてしまいます。

授業開始のあいさつ後の静かな状態のまま学習をスタートできるようにするには、どのようにすればいいのでしょう。

Answer

①授業は最初の五分が勝負

ここでまず心がけてほしいのは、子どもたちに注意や連絡があるときには授業の最初にしないようにすることです。注意したいことがあるときは、授業を五分ほど早く終わらせてから話をするようにします。

授業は最初の五分間が「命」です。最初の五分間で子どもたちを国語の世界に、算数の世界に誘い込んでいきます。最初の五分間を大切にしましょう。

▼フラッシュカードで計算を楽しみながら算数の学習に入っていくことができます。

▼授業の始まりと同時に、教師が黙って黒板にわざと復習問題を間違えます。子どもたちはこれまでの学習を思い出しながら間違いを見つけていきます。クイズ方式です。

▼国語の時間には漢字のフラッシュカードで漢字の読み書きの練習をします。

▼音読からスタートし、物語の世界に入っていきます。音読の方法も一斉読み、マル読み、交代読み、二人交互読みなど、読み方を工夫すれば子どもたちの学習意欲も高まります。

▼社会の時間には一枚の写真を黒板の中央に貼り、「写真からわかったことを一〇個以上ノートに書いていこう」と話すと、子どもたちの目は黒板に集中します。子どもたちが発見したことに「なぜ」をつけることで学習問題をつくることができます。最初に黙って実物を見せることも、子どもたちを学習に集中させるためには効果的です。

こんなふうに、導入の方法はたくさんあります。それぞれの教師が経験の中からつくり出してきた方法であり、教師の財産です。若い先生は学び続けながら導入の財産を増やしていきましょう。五年目の教師なら一〇個以上の導入の方法を身につけられるようにしたいものです。

②次の時間の準備をする習慣づけを

学習準備を授業中にさせると、早く準備ができる子どもと準備が遅い子どもとの間でスタートから学習格差が生まれてしまいます。授業の中でさらに学習格差が広がらないためにも一緒に学習がスタートできるようにしたいものです。

そのために、四月当初から、「次の時間の用意をしてから休み時間にしよう」を習慣づけしていきます。教師の言葉かけだけでなく、子どもたち自身が次の時間の用意をすることの意義を理解し、自分たちの目標として取り組んでいくようにしていきます。

子どもたちの内部から動きをつくりだすために、学級会で原案をもとに話し合うようにします。

原案には次のような内容を書き込みます。

ａ　学級の様子（今の学級の前進面と課題――課題の中に目標に取り組む意義を書き込みます）

ｂ　目標（「次の時間の用意をして休み時間にしよう」など具体的に行動の仕方がわかるようにします）

ｃ　取り組み方法と評価方法（班で取り組む、班全員ができれば◎とします）

最初の５分が勝負

d　達成目標（学級で◎一〇〇個をめざそう）

e　目標を達成したらお祝いの会をします

a〜eの内容を画用紙に書き込み、話し合いを通して子どもたちが決定して取り組んでいくようにします。決定したら取り組み方法を班で話し合い、班長を中心に取り組んでいきます。

「次の時間の用意をして休み時間にしよう」の取り組みでは、班長を中心に「教科書を出して」と声をかける班、みんなで出し忘れがないか確認してから休み時間にする班、出し忘れている子を呼びに行って本人に出させようとする班など子どもたちは楽しみながら取り組んでいきました。

この取り組みは子どもたちが「次の時間の用意をする」という学習習慣を身に付けていくだけでなく、子ども同士の関わりをつくり出すためのきっかけにしていきます。ですから教師は結果だけではなく「班長のS雄くんは、みんなに声をかけるなどリーダーとしての役割をしっかりと果たしていましたね」「K男くんはノートを出し忘れて遊んでいたのに、班の友だちから言われてすぐにノートを出しに教室に戻ってきました。班の友だちの信頼に応えることができました」など、誰がどのように取り組んだか、子ども同士のつながりや集団認識が生まれてくるように具体的に評価していくことが大切です。

四、五月は、初期管理に子どもたちと共に取り組んでいくことで、授業を受ける環境と身体をつくっていくようにしましょう。

5 授業時間を守るためのポイント

Question

　多くの教師が苦労するのが、時間の管理です。授業が延長してしまうことが度々あります。タツヤ先生も授業がしばしば延びる傾向がありました。授業の時間配分がうまくできていないようです。

　国語や算数の授業では、最後のまとめや感想を書かせようとして時間が延びていました。図工の時間には子どもが熱中して取り組んでいると、子どもの「もっとやりたい」の声に押されて時間ギリギリまでやってしまいます。そのために片付けに時間がかかってしまい、次の時間まで食い込んでいました。

　次の時間が音楽など、教室移動のあるときには前の授業が延びると大変です。トイレに行く時間さえ取ることができずに子どもたちを急いで並ばせ、音楽室へと駆け込ませる有様です。子どもたちは落ち着かず、音楽の先生に注意を受けることが増えていきます。一時間目が延長すると、次の時間も延長し、学級の生活リズムが崩れていきます。

Answer

①授業の始まりと終わりの時刻を守る

授業の始まりと終わりの時刻をしっかりと守るようにしましょう。毎日の積み重ねによって、四五分の授業時間が身体に刻み込まれていきます。時間配分も何度も失敗を繰り返しながら次第に計画する力がついていきます。教師の時間配分の失敗を時間延長でごまかさないようにしたいものです。

子どもがノートに書く時間、漢字を書く時間、計算問題を一〇問やり切る時間、話し合う時間など、子どもたちの動きを考えながら、かかる時間を予想できるように失敗から学んでいくようにしましょう。

国語では「漢字五分」「音読一〇分」「本時（読み取り）二五分」「まとめ五分」。

算数では「計算（フラッシュカード）五分」「復習五分」「本時三〇分」「まとめ五分」など、自分なりの基本的なスタイルを確立していきましょう。

たとえ時間通りに授業が進められなくても終わりの時刻はしっかりと守り、次の授業の準備の時間、トイレの時間、係活動の時間、友だちと過ごす時間をきちんと保障することが生活リズムをつくりだし、学習への集中力を育てていきます。

まずは授業の始まりと終わりの時刻をしっかりと守ることが大事です。教師が時刻を守る努力をすることで、子どもたちにも時刻を守ることを要求することができます。学年が進むにつれて時刻を守ることは、教師と子どもたちとの大切な約束事になっていきます。

②授業の最後に楽しいゲーム

今、学校で子どもたちは過密化、過重化でゆとりのない生活を強いられています。休み時間は五分、時間割は一年生で毎日五時間、二年生から六時間の日があります。高学年になると帰宅時

時間を守りリズムをつくる

刻は四時過ぎになります。教科内容の増加もあり、学校から楽しさが奪われてきています。教師も子どもたちも忙しい生活の中でお互いの関係が希薄化し、個別化、孤立化が進んでいます。忙しさは、子どもの心からも、教師の心からも優しさを奪っていきます。

こうした学校の状況の中で、教師が楽しさをつくり出してくれることを子どもたちは求めています。そのために、授業を五分ほど早く終わらせ、読み聞かせやゲームなどをして子どもと楽しむ時間をつくりだしていきたいものです。

自分たちを楽しませ、自分たちと一緒に楽しんでくれる先生が子どもたちは大好きです。教師の笑顔が子どもたちの笑顔を生み出します。笑顔は信頼と安心をつくり出していきます。子どもとゲームをする力を磨いていくことが、授業づくりにも大きな力を発揮します。

さらに、学級の中に楽しさを取り戻していくためには、班長会や実行委員会を組織して子どもたち自身の力で楽しいイベントなどを企画し、運営できる力を育てていきましょう

「お誕生会」「ゲーム大会」「音読コンクール」「ドッジボール大会」など、自分たちがやりたいことを原案にして、そのやり方やルールなどを自分たちで決定していきます。楽しさの中から自治の世界を少しずつつくり出していきます。

学級での生活が主体的になることで、授業への主体性をも生み出していきます。

6 指示・確認のポイント

Question

算数の授業で、さくら先生が今日の問題を黒板に書き出しました。「黒板に書いたことをノートに写しましょう」と指示を出します。そして、話し合いへと進んでいきました。子どもたちのノートを見てみると、教師の指示通りにきれいに書けている子どもは三分の一ほどです。残りの三分の一はまだノートを書き続けていて、話し合いには参加できません。三分の一は途中で書くのを止めていました。

さらに、図工の時間でもやり方を丁寧に話すのですが、活動が始まると、「先生、次どうするの?」と質問する子どもが何人もいます。算数の授業でも終わった子どもへの課題を出しているのですが、その指示を聞いていない子どもが多いのです。

さくら先生の指示は子どもたちに徹底していませんでした。いったいどうしてでしょう。

Answer

①指示を出したら確認

さくら先生の指示の出し方には三つの問題がありました。

一つ目は、指示するときの視線です。子どもたち全員を見回さずに指示を出していることです。

二つ目は、指示した後に待てないことです。

三つ目は、指示したことができているかどうか確認しないことです。

教師は指示する前に、子どもたちが聞く身体になっているか全員を見回しましょう。「おへそをこちらに向けましょう」「顔を上げて、目線を先生に向けましょう」と子どもたちが集中してから話すようにします。

また、指示を出したら、指示が理解できているか、つまずいている子どもはいないか、子どもの様子を見て回ります。その際、子どもへの声かけも大切です。子どもの傍に行き、「きれいな字ですね」「前より早く書けるようになってきましたね」「書く姿勢がいいですよ」と、子どもの学習意欲を引き出す声かけをしていくようにします。

次に、教師は自分の出した指示が通ったのかどうかを確認する必要があります。例えば、「書きましょう」と指示を出したら、書き終えた子どもから黙って手を挙げ、教師と「アイコンタクト」ができたら手を下ろすというルールをつくってみたらどうでしょう。教師は子どもとしっかりと目を合わせ、うなずいてあげます。できたことをうなずくことで認めてあげます。どの子も自分が頑張ったことを教師に認めてもらいたいのです。

さらに、学年当初は全員終えるまで待たないようにします。全員を待っていると、授業のテンポが悪くなります。三分の二ほどの子どもが終わったら先に進んでいくことで、ゆっくり書いていた子も遅いことに気づき、少しずつ早く書けるようになっていきます。どうしても教師のテンポに追いつけない子どもや指示が通らない子どもへは粘り強く個別指導をしていきましょう。

指示と確認、意欲を引き出す声かけ、そして、授業のテンポを大切にしていくことで、教師の指導が子どもたちの中に染み通っていきます。

②指示する根拠を

指示するときにはその根拠を話すようにしましょう。人はその根拠がわからずに行動を指示されると、命令のように感じ、不快感が生まれます。その行動の根拠がわかれば、その伝わり方も格段と違ってきます。ですから、当初は指示する根拠を話すようにします。

子どもたちにその指示の根拠が理解されれば、次は指示だけで子どもたちに伝わっていきます。

「ロッカーの前でみんなが混乱し、ケガしないために順番でランドセルを取りに行きます。一、二班の人から行きましょう。次に……」

「連絡帳を休み時間に書いておきましょう。なぜかというと……」「理由は……」「なぜかというと……」など、指示の根拠を話すことで、子どもたちが納得して行動できるようになります。

高学年になると、大人からの自立を求め、根拠のない指示や命令による支配を嫌がります。ときには反発しながらその支配から脱けだそうとします。高学年になるにつれて指示には「納得と合意」がより大切になっていきます。

③指示の言葉を短く、簡潔に

四月当初は子どもへの指示の言葉は、「一指示一行動」を原則としましょう。「ノートに書きましょう」の指示によって、子どもたちは、「ノートを出す」「ノートを開く」「筆入れから鉛筆を出す」「ノートに書く」この四つの行動が必要になります。そのために速い遅いの学習格差が生まれてきます。

そこで、一指示一行動で格差が生まれないようにしていきます。「赤鉛筆を持ちましょう」と指示し、持ったかどうかを確認してから、「ノートにマルをつけていきます」と、次の指示を出すようにしていきます。このような指示の出し方を身に付けていきましょう。

指示の言葉は授業を積み重ねていくに従って、短く、簡潔にしていきます。教師は毎日、毎時

指示の言葉は短く

間繰り返す指示の言葉があります。その指示語を少しずつ削っていくようにします。

四月当初の「はい、ノートに書きましょう」は、五月には「ハイ、ノート」、一学期の終わり頃には「ハイ」と黒板を指差せば教師の思いが伝わるようにしていきます。自分の指示語を問い直し、短く、簡潔にしていく努力をしていきましょう。そうすることで授業のテンポがよくなっていきます。

④指示を視覚で伝えていく

子どもは聞く力より見る力の方が優れています。図工の時間にやり方をどんなに丁寧に話しても、何人かの子どもたちがすぐに、「次、どうするんですか？」「先生、この後どうするんですか？」と聞いてきます。このようなときには指示したことを、黒板にも箇条書きで書いていきます。

①　鉛筆で色画用紙に下絵を描きます。
②　クレヨンで色を塗ります。
③　先生に見せます。
④　切り抜きます。
⑤　台紙に貼ります。

やり方を視覚で伝えることで、子どもたちは安心して取り組むことができるようになります。

また、算数の時間など課題の終わった子どもには、黒板に次にやることを書いておきます。

①授業の感想をノートに書きます。
②終わったら、静かに読書をします。

黒板に書いておくことで、教師の指示の揺れがなくなり、子どもたちは混乱せずに次の行動に移ることができるようになります。書き言葉の方が話し言葉より指示が徹底します。

また、何度も同じ指示を出すことで子どもたちは課題が終わった後の行動が習慣化し、指示がなくても行動できるようになっていきます。

体育から戻ってきたときに子どもたちがやるべきことを、「もどってきたら、着替えて読書をして静かに待っていましょう」と、体育館に行く前に黒板に書いておくことも初期管理として大切なことです。子どもたちが学級生活で混乱しないように、動線を考えながら指示の出し方を工夫していくことが、初期管理では大切です。やがて、教師の指示なしでも、主体的に行動できる子どもに育てていきたいものです。

7 授業の中に入り込むトラブルの対応

Question

〈例1〉休み時間が終わり、カン太先生が教室に戻ると、T男が机に伏しながら泣いていました。先生は思わずT男に、「どうしたの。何があったの?」と問いかけました。するとT男はここぞとばかり「S介が俺を仲間はずしにしたんだ」と泣きながら叫び出しました。

言われたS介は、「俺はしてないだろう。おまえが勝手に止めたんだろう」と言い返してきました。

T男は次第に興奮し、上履きを手に持つとS介めがけて投げつけ、大声で泣き出しました。

Question

〈例2〉さくら先生が教室にいると、A子が泣きながら教室に戻ってきました。さくら先生はA子の傍に寄り添いながら、「どうしたの?」と優しく理由を聞こうとしますが、A子は泣いているばかりで答えてくれません。

休み時間が終わり、子どもたちが教室に戻ってきても、先生はA子から離れることができずにいました。

すると、戻ってきた子どもたちが次第に立ち歩き始め、学級は騒然となっていきました。先生はたまらずに、「静かに座っていなさい」と大声で叱ってしまいました。その声に驚いたA子はますます泣くばかりで、理由を聞き出すことはできません。予定していた授業もできずに一時間が過ぎてしまいました。

授業中に入り込んできたトラブルに教師が振り回されてしまいました。

では、授業中に入り込んだトラブルに教師はどのように対応したらいいのでしょう。

Answer

①授業中はトラブルを取り上げない

子どもたちは休み時間に起こった様々なトラブルを授業に持ち込んできます。そのトラブルを直接先生に訴える子どももいますが、泣いたり、すねたり、暴れたりしながら自分の思いを先生に伝えようとする子どももいます。

そのトラブルを授業中に取り上げると、事実を聴き出すだけで一時間が過ぎてしまいます。また、解決を急ぐあまりに、子どもたちに不満を残すこともあります。

そこで、T男のように泣いていたら、「くやしいことがあったんだね。いっぱい泣いてください（泣くことは子どもの権利ですから）。泣きやんだら、休み時間に話を聞きます」と落ち着いて話し、授業を始めるようにしましょう（注・ケガなどの大きな事故以外）。

授業が始まったら、さくら先生のようにA子の傍にいつまでもいないようにします。まず、第一にしなければならないことは、休み時間が終わって教室に戻ってきた子どもたちへの指導です。A子には「話せるようになったらいつでもおいで。先生はいつでも聞きますよ」と優しく話してあげます。どうしてもA子の話を聞かなければならないときには、子どもたちに、A子の話を聞く理由を話し、子どもたちには待っている間の課題を出しておくようにします。

個よりも集団への指導を優先することを原則とします。授業中に持ち込まれたトラブルは、取り上げないようにします。子どもも教師も感情的になっているときには、指導は避けるようにしましょう。

②トラブルは教材化して話し合いへ

トラブルは要求の表れです。その背景から子どもの願いを読み取っていくようにします。そし

トラブルは話し合いで

子どもたちはトラブルを授業に持ち込む

くやしいことがあったんだね　いっぱい泣いてください

授業中に持ち込まれたトラブルは取り上げない

落ち着いたところでゆっくり話を聞く

T男にも不満があった　見通しをもってから話し合いで解決

て、そこに学ぶ価値があるときには教材化し、授業で取り上げるようにします。

休み時間にT男の話を聴きました。T男の話によると、S介が勝手に遊びのルールを決めてしまうことが不満でした。T男にも問題がありました。それは、黙って遊びから抜けてしまうことです。周りの子どもたちの話を聴きながら、だいたいの状況と二人の思いをつかむことができました。

そこで、学級での話し合いに入りました。多くの子どもたちが、S介の自分が得するような勝手なルールづくりを批判しました。T男に対しては、「T男の気持ちはわかる。でも、黙って抜けだすのは間違っている」と、共感しながらも、その行動を批判する意見が出されました。

この話し合いを通して、学級には、次の二つのルールが生まれました。

a　遊びのルールはみんなで決める
b　遊びを止めたいときはみんなに声をかける

子どもたちはT男とS介のトラブルを通して、遊び方を学ぶことができました。また、トラブルから、自分たちの生活を楽しくするためのルールをつくりだすことができました。従うルールから自分たちでつくるルールへと変えていくきっかけとなりました。

子どもたちは毎日のようにトラブルを起こします。トラブルは、その背景やそのときの気持ちなどについて話し合うことで、人の見方や考え方を学ぶ機会になります。

また、トラブルを繰り返さないために、話し合ったことをルールとしてまとめていくようにします。このような話し合いを積み重ねていくことで、生活を自分たちでつくりだしていく力が育てられていきます。

8 授業のテンポをつくりだすポイント

Question

授業はテンポが重要です。タツヤ先生の授業には、テンポが崩れる理由がありました。
それは「復唱」してしまうことです。子どもが発言すると、その発言をオウム返しのように繰り返してしまいます。

T「豆太はどんな子どもだと思いますか？」
C「一人でトイレに行けないからおくびょうな子だと思います」
T「〇〇くんはトイレに行けないから、おくびょうだと思ったんですね」
C「私はじいさまとふたりきりでさびしいと思います」
T「〇〇さんはじいさまとふたりきりなので、さびしい子だと思ったのですね」

このように子どもの発言を復唱することが、タツヤ先生の授業のスタイルになっていました。

Answer

①テンポを崩す教師の復唱

タツヤ先生は、子どもの発言を繰り返すことが丁寧な指導だと思っていたようです。しかし、子どもたちは、先生がいつも復唱してくれるので、友だちの発言に耳を傾けなくなります。友だちが発言しても、身体が友だちの方に向かずに、いつも教師の方に向いています。また、教師が復唱することで討論が成立しにくくなっていました。

友だちの発言に、「ぼくも同じで……」「付け加えて……」「私はちがって……」など、討論をひきだす発言がしにくいのです。

授業中は子どもの発言を復唱しないようにしましょう。そうすることで、子どもたちは発言した友だちに身体が向くようになり、聴く力が育っていきます。また、討論の機会が生まれやすくなります。

発言した子の目をしっかり見てうなずいてあげるなど、一人ひとりの発言を認めてあげることも教師の大切な役目です。

②時間で子どもを追い込む

授業のテンポをつくりだすためには、教師が時間を意識することが必要です。「話し合いは五

発言をつなげてリズムよく

教師は子どもの発言を復唱しない
子どもたちは発言した友だちに身体が向く
私はちがいます
ぼくはこう思います
授業のテンポをつくるには教師が時間を意識する
01:00
話し合いは5分ですラスト1分！
時間内にやり終えないときは
先生時間をください
タイマーは必需品

分です」「あと三分で終わりです」「ラスト一分です」「終わりです」と、話し合いや活動するときには時間制限を設けるようにします。時間を意識させ、時間で追い込むことで授業にテンポが生まれてきます。

時間内にやり終えないときには、一度だけ時間延長を教師に要求できることを子どもたちに伝えておきます。「終わりです」と言ったときに、「先生、時間をください」と子どもたちからの要求があれば、「二分間延長します」と言って、タイマーをセットします。大きな数字のタイマーは教師の必需品です。

このように時間を意識しながら授業をすれば、教師と子どもたちとの間に緊張感が生まれ、学習への集中力が育っていきます。

ただし、この時間は教師が、子どもたちの状況を見ながら調整していきます。一分間が子どもたちの学習の状況によって長くも短くもなります。タイマーよりは教師の状況判断が優先します。

9 指名のポイント

Question

　さくら先生が発問すると、数人の子どもたちが手を挙げます。すると、先生はすぐに手を挙げた子を指名してしまいます。授業を早く進めたいという思いが伝わってきます。教師と子どもとの一問一答式で授業が進められていた国語の授業の場合、こんな具合でした。

Ｔ「三段落目の『このように』という言葉はどのようなはたらきをしていますか？」（すぐに手を挙げたＡくんを指名しました）

Ａ「前の文をまとめる言葉です」

Ｔ「そうですね。前の文をまとめるときに使います」

Ｔ「それでは、次は……はい、Ｂさん」

指名はまさに早押しクイズ方式のようです。早く手を挙げた子どもだけが参加する授業になっていました。
では指名するときには、どのようなことに気をつけたらいいのでしょう。

Answer

①連続指名から計画指名へ

子どもたちを授業に誘い込むために、導入では復習を中心にしながら、どの子もすぐに答えられるような質問を投げ込んでいくようにします。そして、中間層や遅れがちの子どもを中心にテンポよく連続指名していきます。導入でたくさんの子に発言させることで、学級全体の学習意欲を高めていくようにします。

多くの子どもたちに発言させたいときには、列指名という方法があります。国語で「一文読みコンクール」など列指名で次々と音読していきます。授業参観などで多くの子どもたちに発言させたいときには列指名は効果的です。

授業の終わりでは、机間指導で一人ひとりのまとめや感想をつかみながら指名計画を立てていきます。授業をどう終えるかは、この指名計画によります。授業内容をしっかりと把握している子ども、次の授業につなげることのできる子ども、他の子どもたちと違った捉え方をしている子どもなどを中心に指名していきます。授業の締めを、どの子どもに発言させるかはとても重要です。

②授業の山場はコーディネーターとして

授業の山場で、子どもたちの発言を深めていきたいときには、教師はコーディネーターに徹するようにしましょう。子どもが発言したら、「そして」「それから」「つまり」「だから」「まとめると」「くわしくいうと」など、「つながり発言」をしながら、より深い発言を引き出したり、発言をつないでいきます。子どもたちの発言が次々とつながっていったときは、教師の大きな喜びとなります。

また指名するときには早押しボタン方式にならないように、一度学級の子どもたちを見回してからゆっくり指名するようにします。首を回しながら、〝間〟をおいて指名するように心がけましょう。その〝間〟が子どもたちにとっては考える時間であり、自分の考えをまとめる時間になります。

③教師の立つ位置を工夫する

教師は子どもを指名したら、立つ位置を変えるようにしましょう。右側の子どもを指名したら、教師は左側に移動するようにします。指名した子どもに合わせて対角線上に移動します。そうすることで、発言する子どもと教師の間にできるだけ多くの子どもたちを抱え込むことができます。

指名方法で子どもたちみんなが主役の授業に

間に子どもを入れることで、子どもが子どもに向かって発言する環境をつくりだすことができるようになります。

子どもが黒板を使って説明するときやみんなの前で話すときには、教師は後ろの真ん中に移動します。子どもは教師に向かって話そうとします。後ろに立つことで子どもたちは後ろの先生に向かって話そうと顔を上げ、大きな声で話そうとします。

朝の会や帰りの会など、子どもが司会をできるようになってきたら、教師は後ろに立つようにしましょう。後ろから子どもたちを見てあげることで、教師に頼らずに自分たちの力でやろうとする自立の心が芽生えてきます。

また、教師は黒板の近くにいることがほとんどです。前の席の子どもたちには声をかけやすいのですが、後ろの席の子どもたちには声かけが少なくなってしまうようです。ですから教師は意識して時々後ろに立つようにしましょう。

このように教師が立つ位置を意識することで、子どもが子どもに向けて話す習慣が少しずつ身に付いていきます。粘り強く、続けていくことが大切です。

10 子どもの心に届く話し方のポイント

Question

カン太先生の話し方で気になったのが、「友だち言葉」です。「考えて」「ノートに書いてね」「そうだね」「どうするんだっけ」など、優しいお兄さんのように子どもたちに話しかけていました。

この先生の言葉に子どもたちも「友だち言葉」で返してきます。やがて「書いたよ」「次、何をするの」「やりたくない」と勝手な発言が飛び交うようになっていきました。

子どもたちとの距離が近すぎるようです。休み時間の延長のような感覚で授業が進められていきます。また、話し方が、一本調子、早口、指導メモを見るために下を向きながら話すなど気になることがありました。子どもたちを惹きつける話し方を身に付けることは、教師にとって重要な課題です。

では、どのような話し方が子どもを惹きつけるのでしょう。

Answer

①子どもの目を見ながらゆっくり

授業は公共空間です。教師も子どもも距離を保って、丁寧な言葉で出会うところです。「ノートに書きましょう」「考えましょう」「そうですね」と、教師が丁寧な言葉で授業を進めていくことで、子どもたちとの間に距離が生まれます。子どもたちの中で望ましい話し方をする子どもがいれば、その子どもの話し方をモデルにしながら、授業に適した言葉を広げていくようにします。

さらに、子どもたちを惹きつける話し方をするためには、子どもの目を見ながらゆっくり話すことを意識しましょう。特に低学年の子どもたちに話すときには、伝わっているかを確認しながら話すようにします。視線で子どもたちをしっかりととらえていくようにします。

抑揚をつけて、会話調で擬態語・擬音語（オノマトペ）を入れながら話すと、より効果的に子どもたちに話を伝えることができます。

「ドンドン進んでやろう」「（姿勢を正しましょう）お腹にグー、背中にグー、両足ペッタン」「ワクワクドキドキ楽しくやろう」など、オノマトペによってイメージしやすくなり、行動しやすくなります。

さらに、ほめるときにはその場面がイメージできるように話します。また、名前を最後に言うことでその子どもへの注目がより高まる、「なぞなぞ方式」がより効果的です。

「休み時間のことです。廊下を見たら二〜三人の上履き袋が落ちていたのです。先生が拾ってあげようと思ったのですが、そのとき、突然廊下に出てきた子がいたのです。その子は落ちていた上履き袋をパッと拾うと、サッとかけて（身振りを入れながら）一言も話さずに、何事もなかったように校庭に遊びに行ったのです。実にさわやかでした。廊下はきれいになりました。（間をおいて）その子は、F男くんです」

F男くんは友だちから大きな拍手をもらい、恥ずかしそうに真っ赤になっていました。

一番大切なことは教師自身が、このことを伝えたい、教えたいという強い情熱をもつことです。その情熱が子どもたちを惹きつけていきます。

授業の中でも、「いよいよ、1より小さい数に入ります。今まで知らなかったことに今日は挑戦していきます」と教師も子どもたちと一緒にワクワクドキドキしながら新しい学習に入っていきます。教師のこの情熱がなければ、どんなに話し方の技を磨いても子どもたちの心には届きません。

話し方の苦手な教師は、絵本の読み聞かせをすることで抑揚のつけ方や〝間〟の取り方を訓練していきましょう。絵本の読み聞かせは教師を鍛えてくれます。

②指示する言葉でなく、誘い込む言葉を

子どもたちに「〜しなさい」という言葉で指示を出すことがあります。しかし、毎日、毎時間、「〜しなさい」と指示され続けると身体が次第に硬直し、受け身になっていきます。自分から行動する力が奪われていきます。「〜しなさい」を使わずに、子どもたちが自分で考え、判断し、行動できるようにすることが優れた教師の指導力です。

授業中は誘いかける言葉で

指導とは誘い込むことであり、強制し支配することではありません。「～しましょう」「～してください」「～します」と丁寧に話しかけるようにしましょう。子どもを尊重する教師が、子どもから尊重されるようになります。

また、話の語尾を強める（語尾強めの）話し方も、命令的になり子どもたちの主体性を育ちにくくしていきます。授業の盛り上がりや学年全員の前で話すときなどは、語尾強めが必要なときもありますが、できるだけ語尾を弱めて語りかけるように話せるようにしていきましょう。

③教師の言葉を削る

最後に、教師が最も注意しなければならないことは、「しゃべりすぎ」です。

学級が荒れれば荒れるほど教師の話は長くなります。言葉で子どもたちを管理し、支配しようとするために、話が長くなっていきます。支配は、子どもたちを服従させるか、反抗を生み出すかどちらかです。「しゃべりすぎ」は教師と子どもたちの関係を断ち切ってしまいます。教師の話が長くなってきたら要注意です。

授業では「3（教師）：7（子ども）」で子どもたちの話し合いで進めていけることをめざしたいものです。そのために、まずは「5：5」をめざして教師の言葉を削りながら、子どもたちの話し合いを中心とする授業をつくりだしていきましょう。

第Ⅰ部　10 子どもの心に届く話し方のポイント

　教師が子どもたちの前で授業をする時間は、一年間でおよそ一〇〇〇時間です。ですから教師の話し方やその内容・言葉は、子どもたちにとって最大の言語環境なのです。そのためにも子どもを惹きつける話し方を、教師であり続ける限りずっと学び続けていきたいものです。

11 板書のポイント

タツヤ先生が板書をすると、授業が一度断ち切られてしまいます。それまでの授業の流れが止まってしまい、授業が停滞してしまいます。

また、子どもたちの発言を丁寧に板書するために時間がかかってしまいます。板書をする時間が子どもたちにとっては、空白の時間になっていました。しかも、背中を向けて板書するために、子どもたちの緊張が切れて、おしゃべりが始まってしまいます。

子どもたちがノートに写し始めると、写すことに一生懸命になり、教師の話に集中できません。

では、どのようにすれば、授業の流れを止めずに板書をすることができるのでしょう。

Answer

①板書の構え

板書の技術を身に付けるためには毎日の積み重ねが必要です。まず、構え方を身に付けていきましょう。板書をするときに完全に子どもたちに背中を向けずに、六分は子どもの方に注意力を向けるようにします。板書より子どもの方を大切にします。

このような方法を「四分六《しぶろく》の構え」と呼びます。この方法は身体を斜めにして板書するために簡単にできることではありません。訓練が必要です。板書をするときには、子どもたちを視界の中に入れるように努力していくことが必要です。

どうしても黒板に背を向けなければならないときには、子どもたちに教科書を写したり、音読するなど課題を出しておきます。

板書の上手な教師は、子どもたちに背を向けながら子どもたちに問いかける、という技を持っています。

「S男くんはどう思いますか」と背を向けながら問いかけ、答えさせるのです。まるで背中に目があるようです。授業は途切れることなく流れていきます。

②板書はキーワードを

子どもの発言を聞きながら板書しようとすると、どうしても遅れてしまいます。発言と板書の間に空白が生まれ、授業が断ち切られてしまいます。また、教師が板書しながら発言を聞いているために、子どもたちも友だちの発言に集中できずに、板書を写し始めます。

そこで、まず教師が心得るべきことは、「〜ながら」をやめることです。子どもたちの発言にしっかりと耳を傾けましょう。

子どもたちにも「聞きながらノートに写す」など「〜ながら」はさせないようにします。ノートに写す時間はきちんと保障することが必要です。

教師は子どもの発言が終わってから、発言の中のキーワードだけを板書します。

「ごんはいたずらずき、わけは……」と、キーワード以外は「……」と省略するのです。

算数でもキーワードでまとめていきます。「真分数は……です。仮分数は……です」と板書します。

このような方法が身に付けば、子どもの発言を聞いた後に板書をしても五秒ほどです。授業を断ち切ることなく進めることができます。

ただし、この方法を効果的に行うためには事前の教材研究が重要です。どの言葉を取り上げるか、どの言葉は省略するかをつかんでおくことが必要です。

　子どもたちがノートに写すときには、「……」の部分を省略せずに書かせるようにします。友だちの発言をしっかりと聞いていない子どもは書けないので、このような板書を繰り返すことで、次第に友だちの発言や教師の説明に集中するようになっていきます。

板書は教師の必殺技！

12 まちがいを授業に生かすポイント

Question

さくら先生が「12・56−3・2」の小数の計算の授業をしているときです。

T「答えはいくつになりましたか?」

N男「12・24です」

C「ちがいまーす」(多くの子どもたちの声)

C「9・36です」

T「そうです。正解は9・36です」

$$\begin{array}{r} 12.56 \\ -\quad 3.2 \\ \hline \end{array}$$

$$\begin{array}{r} 12.56 \\ -\qquad 3.2 \\ \hline \end{array}$$

さくら先生はN男くんのまちがいをスルーしてしまいました。

授業の中で、子どもたちは様々な失敗やまちがいを繰り返します。それを教師に無視されたり、否定されたりすることで、子どもたちは自信を失っていきます。

また、周りの子どもたちの、「エーッ、ちがうよ」の声や嘲笑が発表する意欲を奪っていきます。子どもたちの中には、低学年のときのそのようなつらい経験から、高学年まで発表することができなかった子どももいます。

Answer ①まちがいから学ぶ

N男くんのまちがいから、小数の計算では単位をそろえること、同じ単位同士で計算することなど、小数の計算のきまりについて学び直すことができます。それができなかったのは、教師の正解主義がまちがいをスルーさせてしまったようです。

このようなときに教師は、N男くんのまちがいを取り上げて、「9・36と12・24の2つの答えがでました。さあ、どちらが正しいでしょう?」と問うことで、自分の答えが正しいと思っている子どもたちに揺さぶりをかけます。子どもたちは、9・36がなぜ正しく、12・24がなぜまちがっているのかを説明しなければなりません。N男くんのまちがいから学び直しができるのです。

答えはいろいろ分かれる方が、授業が楽しくなること、まちがいから学ぶことができること、まちがいはみんなのためになっていることなど、授業の中で繰り返し繰り返し経験させていきましょう。子どものまちがいを取り上げにくいときには、教師がまちがってあげることも授業を盛り上げる方法です。

このような経験を積み重ねていくことで、学級の中に少しずつ何でも言い合える自由な言語空

間がつくられていきます。

②自由な言語空間をめざして

四月当初から『教室はまちがうところだ』（蒔田晋治／作・長谷川知子／絵）の詩を読んであげたり、暗唱に取り組んだりしながら、まちがいを笑わない、まちがいをこわがらない雰囲気を学級の中につくりだしていきます。また、エジソンが電球を発明するのに二万回失敗し、そこからたくさんのことを学んだ話などを授業で取り上げることも効果的です。

日々の授業の中でも子どもの誤りやまちがいに、「おしいね」「正解の入口まで来ていますよ」「もうすぐ正解に手が届きます」など、学習意欲を失わないように声かけしていきましょう。

授業の中だけでなく、トラブルや活動づくりのための話し合いなど、日々の学級づくりも自由な言語空間をつくりだしていくための大きな力になっていきます。

しかし、このような取り組みや励ましぐらいでは自由な言語空間をつくることはできないほどに、子どもたちの身体の中には正解主義と競争的価値観が染み込んでいることを知っておくことが必要です。学級の中に自由な言語空間をつくりだしていくということは、それほど重い課題なのです。

それでも子どもたちは、たとえまちがっていても自分の意見を聞いてもらえることを願っています。その願いをかなえるための教師の工夫が求められています。

13 子どもを混乱させない指導のポイント

Question

理科の時間です。「じしゃく」の学習に入るときに、カン太先生は最初に磁石を配り、それから今日の実験の方法について説明を始めました。子どもたちは目の前の磁石を触りたくて仕方がありません。

教師が「じしゃくを触らない」と何度注意しても、手いたずらが止まりません。ついに、カン太先生は磁石を取り上げるという強硬手段に出ました。

実験が始まると、説明をしっかり聞いていなかった子どもたちが、勝手な方法で「じしゃくあそび」を始めていました。

Answer

①活動と説明はしっかり分ける

「じしゃく」や「豆電球」など実験器具や具体物を使う学習をするときには、それらは後で配るようにします。最初に実験方法や注意などを板書しながら説明していくようにします。

植木鉢に種を植えるときや画用紙に糊付けするときなども、説明をしてから材料を配り、活動（作業）する方が、子どもたちは混乱せずに活動に入ることができます。

子どもたちは、興味のあるものが目の前にあれば触りたくなります。活動が始まれば、教師の声は届きにくくなります。

活動中にどうしても指示することが生じたときには、活動をストップさせ、「手には何を持たずにおへそをこっちに向けましょう」と教師の指示に集中させます。そして、全員の目を見なが

具体物の学習のときは

ら、間をおいて話し始めるようにします。

②説明するときには一枚の資料で

作業方法や実験方法を説明する際に資料を使うときには、一人ひとりに資料を配る前に、拡大した一枚の資料を黒板に貼ります。その方が子どもたちの目が一点に集中しやすく、教師の話が入りやすくなります。

朝の歌や音楽の時間などに一人ひとりが歌集を見ながら歌うよりも、歌詞を拡大コピーで大きくしたものを黒板に貼った方が、子どもたちの顔が上がり声も大きくなります。

子どもたちの目線を意識しながら授業を進めていくようにします。

14 話し合いを充実させるためのポイント

Question

国語の時間です。「モチモチの木」の学習で、「豆太が変わった瞬間を読み取ろう」という学習問題を立てて、話し合いが始まりました。子どもたちからは「モチモチの木にひがついているのを見たとき」「医者様のところへ泣きながら走っているとき」「家を飛び出したとき」などいろいろな意見が出されました。

タツヤ先生はこれらの意見をすべて認め、それぞれの場面で豆太の変化の様子を読み取っていくように授業が進められていきました。

子どもたちも意欲的に取り組み、読みを広げることができたのですが、出された意見を整理して、子どもたちに返すことができませんでした。広がった子どもたちの意見を閉じながら、学習問題の「瞬間」に迫ることができませんでした。教師の教材研究と指導力の重要さが感じられた授業でした。

では、どのように授業を進めればよかったのでしょう。

Answer

①子どもの意見を分類し集団思考へ

子どもたちからいろいろ意見が出たら、学習のねらいに沿ってそれらの意見を分類しながら黒板にまとめていくようにします。対立する論点をはっきりさせることで話し合いがしやすくなります。

「モチモチの木」の学習では、子どもたちから出された意見を時間の経過に沿って分類・整理しながら黒板にまとめ、記号をつけていきます。

ア　家を出た瞬間
イ　泣きながら坂道を走っている瞬間
ウ　モチモチのひを見た瞬間

次に、自分の考えに近い記号と、選んだ理由をノートに書きます。それからア、イ、ウそれぞれを選んだ理由を発表してもらいます。そのときの発表の仕方は、「ぼくはアを選びました。理由は……」と結論、理由の順に発表することを指導していきます。そして、全体での話し合いへと進めていきます。（全体での話し合いの前に、ペアや班での話し合いを取り入れることもできます。）そうして、子どもたちの話し合いを「豆太の変わった瞬間」へと閉じていきます。

話し合うときには、「Hさんに付け加えて」「Iさんとちがって」「Mさんと同じで」「Nさんの意見をくわしく言うと」など最初のキーワードを教えておくと、話し合いのテンポがとてもよくなります。また、このキーワードを使うことで論点がはっきりします。

このように授業は、個人思考から集団思考へと発展させていくようにします。

②ペア、班（グループ）の話し合いを

全員で話し合う前にペアや班・グループで話し合うことは、全員参加の授業をつくり出すための効果的な方法です。

ペアでの話し合いは、お互いに考えを交流し合いながら、自分の考えを深めていきます。子どもたちはペアで話し合うことで自信を持って、みんなの前で発表することができるようになっていきます。

次に、班の話し合いを成立させるための指導について考えてみましょう。

班の話し合いをより効果的に行うためには、司会者が必要です。この司会者の力量によって班の話し合いが成立するかどうかが決まってきます。司会者にその力量が育っていないうちに班で

の話し合いをしても、ただのおしゃべり会になってしまいます。
班の話し合いを成立させるためには、四月当初からリーダーを中心に司会をする力をしっかりと育てていく必要があります。そのために、次のような方法で司会のやり方を指導していきます。

ａ　司会者におへそを向けるようにします。
ｂ　何について話し合うのかを司会者が全員に伝えます。最初は教師の言葉を復唱します。
　「これから〜のことについて話し合います」
ｃ　順番に指名して、全員に発言してもらいます。友だちが発言しているときには、途中で割り込まずに最後まで聴くことをルールとします。
ｄ　全員が発言したら、質問タイムを取ります。（発言は挙手を原則として、勝手な発言はさせないようにします）
ｅ　時間があれば、それぞれの考えを聞いて、どう思ったのかを順番に発言してもらいます。
ｆ　班で話し合ったことを学級全員に発表するために、司会者が話し合ったことをまとめて発表するか、司会者が発表者を指名するなど発表方法を工夫します。

日常的に班の話し合いを取り入れながら、司会のやり方を学ばせていくようにします。

班の話し合いは司会者がリード

班での話し合いは高学年でも一〇分以内です。だらだらした話し合いは集中力もなくなり、話題もそれていきます。また、班での話し合いの前には必ず自分の考えをノートに書かせておくことも大切です。

このようにペアや班での話し合いをしてから、全体での話し合いをする方法を「二重方式」の話し合いといいます。この「二重方式」は一人ひとりの考えを大切にする方法であり、話し合いを深めていくことのできる効果的な方法です。

15

子どもをほめるポイント

Question

さくら先生は四月以来、子どもたちをほめようと努力していました。子どもたちがうるさいときにも、真面目に取り組んでいる子どもに目を向けるなど、その誠実さが伝わってきました。

当初は先生のほめ方が子どもたちに伝わり、周りの子どもたちもほめられようと努力する姿が見られました。教師のほめる言葉が指導力を発揮していました。

ところが、だんだんとそのほめる言葉が子どもたちの頭の上を素通りしていくのを感じるようになりました。教師のほめ言葉が徐々にパターン化していったのです。

教師の子どもを見る価値観がまだ狭いために、ほめ言葉が限られていました。「早いか遅いか」「できたかできないか」「上手か下手か」の能力主義と競争主義に囚われたほめ言葉のために、学習に遅れがちの子どもたちに目が向けられなくなり、できない子、遅い子、下手な子が、次第に意欲を失っていきました。

では、子どもたちの学習意欲を育てるためのほめ方は、どのようにしたらいいのでしょう。

Answer

①ほめ言葉を豊かに

教師のほめ言葉を子どもの心に届けるためには、子どもたちの小さな変化を見逃さない教師の目が必要です。「勇気を出して発言しようとする子ども」「前よりノートの字をきれいに書こうとしている子ども」「友だちに進んで教えようとする子ども」など、授業の中で見られた子どもたちの成長を見逃さずにほめていくようにします。

そうすることで教師も子どもたちも、「まだ～ができない」という見方から「ほんの少し～ができるようになった」という見方ができるようなっていきます。

「N男くんのノートを見てください。（ノートを全員に見せながら）前のノートと今日のノートを比べてみました。どうですか。N男くんが字をきれいに書こう、きれいに書きたいという気持ちが伝わってきますね。成長を感じました」と、前のノートと今のノートを比べながら、その変化をほめていきます。

ほめ言葉のキーワードである3S（すばらしい、ステキ、大すき）を効果的に使うだけでなく、子ども一人ひとりに合った価値ある言葉をつくりだしていきましょう。

ほめ上手な教師は子どもの行動から、心の成長をほめていきます。また、子ども同士の関わり方をほめながら、子ども同士をつなげていきます。

T　「C男くんがつまずいていたら、R子さんがそばにきてとってもやさしく教えてあげていました。教えてもらっているC男くんもとっても楽しそうでした。すると、C男くんが『わかった。できる』と叫んだのです。その言葉を聞いてR子さんもうれしそうでした。二人の様子を見ていた先生もとってもうれしかったです。C男くん、教えてもらってどうでしたか」

C男「うれしかった。やさしく教えてくれたからわかった。R子さんありがとう」

T　「R子さん、今のC男くんの言葉を聞いてどう思いましたか」

R子「とってもうれしかったです」

みんなから拍手をもらい、二人は目を合わせながらとってもうれしそうでした。

T　「先生は、つまずいている友だちを助けてあげたいと思ったR子さんの気持ちがとってもうれしかったです」

ほめられた子どもも、周りの子どもたちも、そしてほめた教師も笑顔になります。

ほめることで、子どもたちの自己肯定感を育てていくことは、授業の大切な役目です。子どもは長所をほめられることで、短所は退化していきます。

②ほめ合う関係を

今、子どもたちを自然状態のままにしておくと、悪口、ねたみ、嫉妬、嘲笑、そしていじめの世界が広がっていくように思われます。教師にはその世界を指導によって、認め合い、ほめ合い、励まし合う世界に変えていくことが求められています。そのためには、教師がほめるだけでなく、子ども同士がほめ合う関係を授業の中でつくりだしていくようにしましょう。

図工の時間に、子どもたちが作品を作り始めて五分ほど経過したら、次のように話します。

ほめて笑顔の学級に

T「これから交流タイムにします。時間は二分です。友だちの作品を見て、上手だと思ったところや、まねしたいなあと思ったところをたくさん見つけましょう」

子どもたちは自由に立ち歩きながら友だちの作品を見て回り、時間がきたら話し合いに入ります。

N太「M子さんの作品が上手だと思いました。理由は、細かいところまで丁寧に作ってあるからです」

G子「S太くんの作品は色がきれいなので、まねしたいと思いました」

など、友だちの作品のよかったところを次々に発表していきます。友だちの作品を見て、よかったところを交流し合うのです。友だちからほめられた子どもには、「友だちからほめられてどうでしたか」と尋ねると、ほめてくれた友だちと目を合わせながら「うれしいです」と答えてくれます。相互応答の関係が生まれます。

このような「交流タイム」は作品の作り始めと、半分できた頃の二回、一～二分程度行うようにします。作品を通して子どもたちがほめ合い、学び合う関係をつくりだしていきます。図工の時間だけでなく、国語の時間には音読をした後に、「よかったところ」を交流し合うことができます。算数の時間にはノートの書き方などを交流し合うこともできます。

このように「交流タイム」を積み重ねていくことで、子どもたちの自己肯定感が育てられ、学習意欲が高まっていきます。

③笑顔を力に

さくら先生は子どもと話すとき、子どもを注意した後、子どもをほめるときなど笑顔を見せます。とてもステキな笑顔です。授業中も、休み時間にもさくら先生は笑顔で子どもたちと向き合っていました。教師が笑顔になれば学級は明るくなっていきます。

さくら先生の指導を支えたのはこの笑顔です。教師の笑顔は子どもたちに安心と信頼を生み出し、学習意欲を引き出してくれます。笑顔は力です。口角をあげる訓練をしながら、笑顔のステキな教師をめざしましょう。

16

子どもを叱るときのポイント

子どもたちにとって、やることすべてが初めてのことです。ですから、子どもというのは失敗するのが当たり前、できないのが当たり前、やらないのが当たり前です。

そのために、忘れ物のこと、授業中の姿勢、私語、友だちへの悪口など、失敗を繰り返さないように、注意したり、叱ったりといったことは毎日、毎時間のようにあります。そんなとき、その注意の仕方や叱り方をまちがえると子どもたちの中に不満や不安、そして反発が生まれるきっかけになります。ときには子ども同士のつながりを断ち切ってしまうこともあります。

では、どのように注意したり、叱ったりすればよいのでしょう。

Answer

①モデルを示す

授業中に、F雄の姿勢が崩れていました。このようなときに、「姿勢をちゃんとして」「こっち向いて」と注意しても姿勢はなかなかよくなりません。F雄にとって「ちゃんと」「こっち」という言葉がどのようなことか、イメージできないのです。「教師の方を向いて、姿勢を正すように」と教師は指導をしているつもりなのですが、それが伝わっていきません。そこで、めざすべき姿を具体的なモデルを通して示してあげるようにします。

「S男くんを見てください。ノートを書く姿勢がいいですね。ノートもきれいに書かれています」

「おへそを先生の方に向けて話を聞いていますよ。F雄くんも姿勢を直しましょう」

F雄はS男の姿勢をモデルにして、「ちゃんと」「こっち」では伝わらなかった具体的な姿を学ぶことができたのです。

「このあたり」「あと少し」「だいたい」「ちょっと待って」など、具体的なイメージが子どもに伝わらない言葉を教師が何気なく使っているときがあります。そうした曖昧模糊とした抽象的な言葉でなく、まず具体的なモデルを示してから、注意したり、叱ったりすることが大切です。

②注意はほめで終わる

Ｆ雄が教師の指導を受け入れ、姿勢を直すことができたら、「よくできたね」「良い姿勢です」とほめるようにします。子どもが指導を受け入れてくれたときには、ほめることを忘れないようにしましょう。注意する、叱るということは、指導が始まったということです。注意されたこと、叱られたことを子どもが納得して指導を受け入れてくれたときには、「ほめる」ことで指導が完結します。

指導が完結するまでの時間は注意の内容によって違ってきます。注意する内容が子どもにとって重い課題のときには時間がかかります。しかし、諦めずに指導を続けることが大切です。注意をして指導を始めたのですから、その責任は教師にあります。ほめるときをめざして指導の仕方を工夫しながら、指導を続けていきます。一番いけないことは注意のしっぱなしです。

「注意されたけどよくなった、できるようになったね」——そんなふうに、最後に子どもはほめられて終わる。それが叱るときの基本的なあり方です。

③子どもに問い返す

子どもというのは失敗から学んでいくものです。友だちの失敗からどう学ぶかということがす

失敗こそ学びのとき

ごく大事なことです。ですから子どもが失敗したとき、子どもたちに問い返します。

「○○くんのやったことをどう思いますか？」

そうすると、「そういうやり方は間違っている」とか、「そんなことをしたら危険じゃないか」とか、いろんな意見が出てきます。教師が直接その子を注意するのでなく、子どもの話し合いに返していくようにします。そうすることで、他の子どもたちも学ぶことができるようにしていきます。

授業中、K介が「ちがうだろう。バカじゃない」とN子の発言をバカにしました。そんなとき

【1コマ目】
S男くんを見てください
姿勢がいいですね
具体的なモデルを示してから注意する

【2コマ目】
よくできました
良い姿勢です
指導は「ほめる」ことで完結する

【3コマ目】
○○くんのやったことをどう思いますか
子どもは失敗から学ぶ
そんなことをしたら危険です

【4コマ目】
感情的に怒鳴らない
感情的になっているときはクールダウンしてから仕切り直し

に、「なんだ、その言い方は！」と怒るのではなく、子どもたちに問い返します。

「K介くんの言い方をどう思いますか？」と話し合いのテーマにすることで、子どもたちからいろいろな意見が出てきます。

J子「K介くんの言い方は、友だちをバカにしています」

M美「まちがえたときにそんな言い方をされたら、発言できなくなります」

Q郎「言葉の暴力です」……。

そんな意見が出る中で、友だちのまちがいをバカにしてはいけないことを子どもたちは学んでいきます。「どう思う？」と子どもたちに返すことで、子ども同士に学び合う関係が生まれてきます。

④感情をコントロールする

「静かにしろー！」と感情的に怒鳴る教師がいます。そんな教師にこれまで何度も出会ってきました。指導力の未熟さを感じます。感情的に怒鳴ることは、麻薬のように教師の身体を蝕んでいきます。これなしには指導が成立しなくなってしまいます。

大声で怒鳴ることが日常化している学級の子どもたちは、常に教師の眼差しを気にして、萎縮し、面従腹背の器の小さい子どもに育ってしまいます。威圧や恫喝《どうかつ》は指導ではありません。感情的に怒鳴らない、怒らない指導のあり方を追究していくことが、教師として生きる力になっていきます。

それでも教師も人間です。どうしても許せないときには感情的になることがあります。感情的になっているときには指導は避けるべきです。子どもが感情的になっているときにも教師は指導を避けるようにします。一度クールダウンして仕切り直しをしましょう。

このように感情をコントロールすることは、教師にとって必要な力です。そのために教師の仕事は「感情労働」とも呼ばれています。

第Ⅱ部

信頼を育む9つのわざ

教師の指導は子どもたちとの信頼関係に支えられてこそ、その力を発揮します。信頼関係が学級づくりを支えてくれます。信頼関係が授業を創りだしてくれます。

では、子どもたちとの信頼関係を育むためには、どうしたらいいのでしょうか。また、そのために教師はどのように子どもたちと向き合ったらいいのでしょうか。

第Ⅱ部では私が子どもたちとどのようにして信頼関係を育んでいったのか、どのようなことに気をつけながら子どもたちと向き合ってきたかを、経験をもとに考えてみました。これらの九つのわざを手がかりにして、子どもたちと豊かな信頼関係を育んでほしいと思っています。

1 子どもとの関係づくり第一歩

①子どもへの声かけから始めよう

二年生を担任したときにとても気になるK子がいました。K子は友だちからちょっと注意されたり、授業中に間違えたりすると眉間にしわを寄せながら、「どうせ私なんかやってもダメだもん」「私なんか死んじゃえばいいんだ」と叫びながら、周りの友だちを鋭い眼差しでにらみ付けます。

K子はいつもイライラしていて、朝も不機嫌そうな顔で教室に入ってきます。私はそんな彼女に毎朝声をかけました。すると、ある朝、彼女の表情に変化が見られたのです。

T「そのセーターとってもにあっているよ」

K子「お母さんがえらんでくれたの」

K子はほめられてうれしそうに笑顔を見せてくれました。

T「K子さん、今日の笑顔ステキだよ」

K子はにっこり笑ってくれました。彼女の笑顔に私の心も癒されます。

T「先生はK子さんの笑顔大好きだよ。今日も笑顔をたくさん見せてね」

朝の声かけが彼女とつながる小さな一歩になりました。声かけを続けていくことで、K子の心が少しずつ開かれ、おしゃべりができる関係になっていきました。そして、それが指導のきっかけになりました。

おしゃべりができる関係になると、K子はどんなテレビを見ているのか、どんなアニメが好きなのかなど自分の興味のある話を進んでしてくれるようになりました。

次第に、K子は一年生のときにいじめられたこと、お母さんが妹ばかりかわいがることなど話してくれました。友だちとつながることへの不安の背景が見えてきました。K子の指導の第一歩になりました。

教師と子どもとがつながるための第一歩は、おしゃべりができる関係をつくりだすことです。日常的なおしゃべりから、困ったこと悩んでいることなどについて相談できる関係が次第につくりだされていきます。

②進んで声かけをしよう

朝の会で歌を歌っている子どもの傍を歩きながら、小さな声でそっと、コソコソ話をするように、「昨日、計算がんばったね」「昨日は帰りに手伝ってくれてありがとう」「今日の体調はどうですか」など気になる子どもに声をかけていきます。このような声かけが子どもとの関係づくりに大いに役立ちます。

朝の挨拶のときにも声かけをします。玄関や廊下で出会った子どもたちに挨拶するときには、名前を言ってからひと言添えて声をかけていきます。

「おはよう、○○さん。昨日はドッジボール楽しかったね。今日もやろうね」

名前を言ってあげると、下を向いていた子どもの顔が上がり、私の方を向いてくれます。アイコンタクトができると、子どもも私も笑顔になります。子どもたちも、「おさむ先生、おはようございます」と、挨拶を返してくれます。疲れが一気に消え去ります。

日常的な子どもたちへの声かけは、「君を大切にしているよ」というメッセージです。

③子どもの世界に関心を持とう

あるとき、教室に行くとA雄の周りに子どもたちが集まって大騒ぎ。何事だろうとのぞくと、騒ぎの中心は匂い付き消しゴムでした。A雄は大得意で匂いをみんなに嗅がせていました。みんなに囲まれてうれしそうです。しかし、困ったことに匂い付き消しゴムは学校には持ってこないことになっています。

さて、こんなときに教師はA雄にどんな言葉を掛ければいいのでしょう。

私は、「すごいね。この消しゴムどんな匂いするの」「ねえねえ、みんなこの消しゴムすごいよ」と持ち物に関心を向けてあげました。周りに集まってきた子どもたちからも「どれどれ嗅がせて」と声をかけられることで、A雄の心は満たされていきます。その後に、「これはとっても大切なものだから、おうちで使おうね」と話してあげれば、A雄は満足した顔で「わかった」と納得し、家に持って帰りました。

学校では「学習に必要のないものは持ってこない」という決まりがあっても、子どもたちは飾り付き鉛筆、匂い付き消しゴム、カラーペンなど流行のものを持ち込んできます。目新しいものを友だちに見せたい、自慢したい、そのような物を通して自分に関心を持ってもらいたい、決まりを破ってでも自分に目を向けてほしい。そんな子どもたちの気持ちが伝わってきます。そんなときに、教師が子どもの持ち物に関心を向けてあげるようにします。

また、いっしょに周りの子どもたちからも「どれどれ見せて」と声をかけられることで、子どもの心は満たされていきます。

子どもの思いを考えずに「学習に必要でないものは持ってこない。学校の決まりでしょう」と「決まり」で禁止してしまうことは関係を断ちきるだけでなく、子どもたちの思いを封じ込めてしまうことになってしまいます。

子どもが飾り付き鉛筆を持ってきたときには、それをテーマに「飾り付き鉛筆と鉛筆のどちらが学校では使いやすいか」でディベートをしたことがあります。子どもたちにとっては自分たちの身近な生活のことなので、活発な話し合いになりました。

そのほか「シャープペンシルと鉛筆」「匂い付き消しゴムと消しゴム」など子どもたちが学級に持ち込んだものが、学校で必要かどうかディベートのテーマにすることもできます。また、話し合いを通して、それを使うためのルールや条件をつくるなど、今後どうするかは子どもたちに自己決定させるようにし、学級の自治に役立てることもできます。

教師が子どもの世界に興味、関心を持つことは、子どもとつながるきっかけになります。

④教師に寄ってくる子どもたちが壁になっていないか

教師の周りに子どもたちが集まって来て、おしゃべりをするのは私にとって楽しいことです。でも、あるとき、ハッと気がついたのです。周りに集まっている子どもたちが壁になって、話しかけられずにいる子どもたちがいるのではないかということです。

M子はいつも一人で本を読んでいます。休み時間も本を読み、友だちの輪の中に入ろうとしません。私は彼女の傍に座って、「どんな本読んでいるの」「どんな本が好きなの」と声をかけてみました。すると、「今はズッコケシリーズを読んでます」と笑顔を見せながら答えてくれました。そこで、周りにいる子どもたちに、「みんな、ズッコケシリーズって知ってる？　読んだことあるの」と問いかけてみました。すると、「おもしろそう、私も読んでみよう」と声があがりました。M子はとてもうれしそうです。その後、私を仲介としながら、M子と読書好きの友だちとのつながりが生まれました。

休み時間はいつも外遊びでなかなか話ができない子どもがいました。T男です。彼はやんちゃな子で授業中も度々注意を受けていました。出会いの日から私との間に壁があるようで、私の話も体を斜めにしながら聞いていました。

彼から話しかけてくることはほとんどありません。ちょっと苦手な子どもでしたが、私の方から意識的に彼の懐に入っていくことにしました。そうしないと、ますます彼との関係が切れてしまい、指導が入っていかないように思えたからです。

まず、ちょっとした声かけから始めました。好きなサッカーやゲームの話をすると喜んでいました。彼の好きなサッカーチームが勝ったときには、話が盛り上がりました。おしゃべりが私と

T男とがつながるきっかけになりました。そして、次第に私からT男への苦手意識が消えていき、自然に関わることができるようになっていきました。

T男との関わりを通して、苦手と思える子どもこそ「しかる―しかられる」関係にならないように、教師の方から進んで声をかけていくことの大切さを学ぶことができました。彼もそれを待っていました。

逆に、私の傍から離れずに、壁になっていたE子も気になる子どもでした。友だちの中に入っていくのが不安なのか、私の傍から離れずにいました。そんなときには、「外に遊びに行こう」「このポスターの色塗りを手伝ってくれない」など遊びに誘ったり、他の子どもと一緒に仕事を頼んだりします。

やがてE子も次第に私の傍から離れ、安心して友だちの輪の中に入っていきました。

教師の周りにできていた壁を崩していくことで、誰でも話しやすい自由な空間を教師の周りからつくりだしていきます。

2 子どもと遊ぶ

①本気で遊ぼう

S男は休み時間になるとボールを持って真っ先に校庭に出て行く子どもです。休み時間が大好きで、ドッジボールが始まると、チーム分けやルール決めなど中心になってやっていて、リーダーとして活躍していました。しかし、授業になると落ち着きがなくなり、学習意欲が感じられない子どもでした。

私はS男とつながるために、まず、本気になって遊ぶことにしました。遠慮はしません。ドッジボールなら本気でボールを投げます。ねらうはS男たちです。当たったら大喜びします。彼らの悔しがる顔が痛快です。しかし、彼らも毎日やっているだけあってなかなかの腕前です。当てられることも度々です。そのときの彼らのうれしそうな顔を見るのもうれしいものです。

本気になって遊ぶことで、私はS男たちに「受け入れられている」と感じられるようになりました。彼らも私から「受け入れられている」と感じているようでした。

やがて、S男は「ドッジボール大会をやりたい」という要求を学級に提案し、チームのキャプテンとしてチーム分けやルールづくり、作戦づくりの中心になって活躍しました。活動的リーダーとして学級に肯定的な影響力を発揮することができるようになっていきました。

子どもたちとの関係づくりのためには遊ぶことが一番の近道です。子どもたちは一緒に遊んでくれる教師が大好きです。どんなに忙しくても週に一度は「みんなで遊ぶ日」などをつくりながら、子どもたちと遊ぶ時間をつくりだしていきます。

②子どもに教えてもらう

N男はコマ回しがとても上手でした。空中手乗せも実に上手にやって見せてくれます。私は彼からコマ回しのたくさんの技を教えてもらいました。彼の教え方は実に簡単です。言葉よりもやってみせる、オノマトペ（シューとかパッとなどの擬音語）を使って「シューとひもを引いて、パッと手にのせればいい」と感覚的な教え方です。その教え方が実に的を射ていました。

私がなかなかできないときは傍で友だちとコマ遊びを楽しみながら見守ってくれました。怒らず、焦らず、イライラしないで見守ってくれました。「教え方」を教えられているようでした。

私ができたときには、自分ができたかのように一緒に喜んでくれました。

教師が努力する姿をみせることは、子どもたちとの距離をぐっと縮めてくれます。

教師にも苦手なことがあります。子どもたちと遊びたいと思っても、苦手なために一緒に遊ぶと子どもからバカにされてしまわないだろうか。子どもの前で失敗はできない。教師の権威に傷が付き、指導が入らなくなるのではないかなどなど不安が頭をよぎります。私も若いときには、子どもの前では失敗できないと思っていました。

でも、苦手なことから遠ざかるのではなく、苦手なことに挑戦し、努力する姿を教師が見せることは、大切なことだと気づきました。

教師にとって苦手なことがあることは決してマイナスではありません。そのことへの教師の向き合い方によって、プラスに転化することができます。

子どもの前で失敗することも恥ずかしいことではありません。教師の失敗は子どもたちに安心感を与えます。また、子どもの失敗に寛容になれます。教師の人間らしさの表現が子どもたちと教師をつないでくれます。子どもたちから学ぶことはたくさんあります。

③子ども分析・グループ分析から実践構想を立てよう

子どもたちと一緒に遊ぶことは、子どもたちとつながるだけでなく、遊びを通して子ども分析・グループ分析していくために教師にとっては必要なことです。遊びの中では子どもたちのより自然な姿を見ることができます。子どもたちが誰と、どのように遊んでいるかを知っていることは学級づくりにとってとても役立ちます。

三年生の五月頃の学級のことです。休み時間になると男子は九人が校庭でドッジボール、三人が教室で追いかけっこ、女子は教室で読書をしている子が一人、お絵描きをしている子が二人、教師の傍にいる子が三人、図書室に行って本を読んでいる子が二人、校庭の遊具で遊んでいる子が三人と小さなグループに分かれていました。

男子の九人でドッジボールをしている様子を見ていると、N男とK雄が中心になってチーム分けやルールを決めています。遊びの様子から彼らが遊びのリーダーであり、学級づくりにその力を発揮してほしい子どもたちです。しかし、彼らは幼児的な自己中心性を引きずり、チーム分けやルール決めで自分勝手な行動が見られました。そのために彼らのやり方に不満を持っている子もいます。

そこで、まずは彼らを公的なリーダーに位置づけ、活躍させました。彼らはドッジボールだけでなく、力も強かったので、「班対抗腕ずもう大会」に取り組むことにしました。彼らは班のリーダーとして活躍しました。大会では班の友だちから応援してもらい、とてもうれしそうでした。

その後、リーダーの楽しさを経験した彼らは班長や実行委員に進んで立候補し、学級のリーダーとして活躍しました。しかし、そのやり方が自分勝手なときもあり、友だちから批判されながら成長していきました。リーダーのやり方が自分たちで決定したことであれば協力し支えていきますが、そのやり方が決定していないことで、自分勝手で傲慢《ごうまん》さが見られたときには批判し、そのやり方を正しながら支えていくフォロアーシップの力を学級の中に育てていくことも、リーダー指導と同時に大切な指導です。

このように休み時間の遊びの様子や日常の生活の様子から子ども分析・グループ分析を繰り返しながら、学級づくりの構想を立てていきます。「分析して、構想を立て、実践する」というサイクルをつくりだしていきます。もちろん子どもの状況は日々変化しますから、その状況に合わせて構想も変化していきます。ですから、教師は常に子どもの生活に関心を持ち続けることが大切です。

3 リーダーシップを発揮する

①子どもたちを引っ張るリーダーになろう

当初、教師が受け持つ学級はリーダー不在であり、「群れ」の状態です。自然状態の「群れ」は弱肉強食の状態であり、いじめや暴力支配を生み出していきます。この「群れ」の状態を「集団」にしていくことが教師の大事な役割です。その「集団」は子どもたちの安心・安全が保障され、子どもたちの思いを自由に表現することが認められる世界です。

「集団」にはリーダーが必要です。学級の最初のリーダーは教師です。教師は始業式の日からリーダーとして子どもたちの前に立っていることを意識しましょう。

学級づくりは教師のリーダーのあり方に左右されます。支配的・管理的な教師の下では、子どもたちは萎縮し、教師の顔色を伺って行動するようになります。そして、面従腹背《めんじゅうふくはい》、器が小さく、依存性の強い子どもが育ちます。リーダーとしての力を発揮できずに頼りなく、弱々しい教師の下では、子どもたちはルールを守らず自分勝手な行動をするようになり、トラブルが頻繁に起こります。

では、教師はどのようなリーダーを目指したら良いのでしょう。

目指すリーダーとは、子どもたちの話をよく聴き、子どもたちと共に活動をつくり出していくリーダーです。子どもたちの願いを具体的な要求として取り上げ、子どもたちと共に要求を実現していくリーダーです。

一学期当初、教師は学級の子どもたちを「引っ張るリーダー」として、学級づくりの先頭に立っていきます。そのために、私は、まず初期管理のための具体的な取り組みをしていきます。

・チャイムが鳴ったら、一分以内に席に着こう
・次の時間の用意をしてから休み時間にしよう

このように具体的で、少しの努力で目標達成が可能な取り組みを提起していきます。

この目標と内容を具体的に原案として子どもたちに提案していきます。原案には次の内容を学年に応じて画用紙などにわかりやすく書き込んでいきます。

①学級の様子（伸びているところ、まだ足りないところ）
②目標
③なぜ取り組むのか
④学級（班）の達成目標
⑤取り組み方
⑥達成したときのお祝いの会（ドッジボール大会など）

この中で当初は特に④⑤を中心に話し合います。話し合ったことをもとに子どもたちに決定させていきます。ここでは、話し合いと子どもたちに決定させることが重要です。そうすることで話し合うことは無駄ではないこと、「みんなで決めて、みんなで守る」ことの大切さを、子どもたちは学んでいきます。小さな自治の一歩です。

目標を達成したときには、子どもたちは学級の前進を感じ取り、教師への信頼感を持つようになり、指導を受け入れる身体を育んでいきます。しかし、当然うまくいかないときもあります。そのようなときには、なぜうまくいかなかったのかを子どもたちと一緒に考え、再挑戦していきます。失敗こそ成長させるチャンスです。

初期の活動も、まずは教師がリーダーになって、みんなで楽しむことのできる活動を提案していきます。

・班のマークをつくろう
・お誕生会をしよう
・班対抗ゲーム大会を成功させよう
・班対抗うでずもう大会をみんなで楽しもう

など準備が少なく、すぐに取り組めてみんなで楽しめる活動に取り組んでいきます。楽しい活動は子ども同士をつないでくれます。

このような初期管理や初期の活動の取り組みを通して、子どもたちは自分たちの学級に自信を持ち、リーダーとしての教師を信頼するようになっていきます。

②子どもたちと一緒に歩むリーダーになろう

二学期が始まる頃から、いよいよ子どもたちのリーダーと共に自治的な学級集団づくりを始めていきます。そのために教師は「引っ張るリーダー」から「子どもたちと一緒に歩むリーダー」へと、リーダー性を発展させていきます。子どもたちが自分たちでやり切ったという自信を持てるようにしていきます。

そのために、班長会を学級のリーダー会として位置づけます。それまでは教師が中心になって目標を提案してきたのですが、教師は一歩下がり、徐々に班長会を中心にしながら目標を提案できるようにしていきます。ここでの目標は、「班対抗クイズ大会を成功させよう」「リコーダーでエーデルワイスを吹けるように教え合おう」など子どもたちの関わりが生まれ、班長たちも楽しく取り組める文化的な活動を中心に取り組んでいきます。

原案も班長会が中心になって書き上げ、提案していきます。また、提案された原案についても原案の内容の中で、

①（学級の様子）三年生になりリコーダーがとても上手になってきました。エーデルワイスの曲も合格する人がふえてきました。しかし、まだリコーダーを苦手とする人がいます。そこで学級で教え合いながら、みんながリコーダーを楽しく吹けるようになろう。

②（目標）「リコーダーでエーデルワイスを吹けるように教え合おう」

③（なぜ取り組むのか）班のリコーダーリーダーを中心に取り組み、エーデルワイスの合格者を増やしていこう。リコーダーが苦手な人が楽しく吹けるように、班での教え方を工夫していこう。そしてオープンスクールでお家の人の前で発表し、学級をさらにパワーアップしよう。

この①②③を中心に話し合うことで、子どもたちが、活動の意義を理解し、主体的に取り組んでいくようにします。ここでも話し合いと子どもたちに決定させることがとても重要です。

「班長会で話し合う↓班長会で決定する↓原案をつくる↓学級に提案する↓話し合う↓決定す

る→活動する→まとめをする」というサイクルをつくりあげることが、自治的な集団づくりにつながっていきます。

取り組み内容も、より協同する取り組みへと発展させていくことで、子ども同士のつながりが豊かになり、リーダーとしての力が育てられていきます。

学年が進むにつれて、子どもたちは自分たちでやりたい、教師や大人から自立したいという思いが強くなります。そのために早い時期から「子どもたちと一緒に歩むリーダー」として、教師は一歩下がりながら、これまで以上に子どもたちを中心にしながら学級づくりを進めていきます。

③トラブルを解決する力をつけよう

四年生のF雄が授業中に突然、班長のR子の鉛筆を折り、黒板目がけて投げつけました。さらに筆箱まで投げつけました。周りの子どもたちは何があったかわからずに唖然としています。F雄は机にうつ伏し、R子は泣き出しました。私は一瞬どうしようかと迷いましたが、まずF雄とR子がクールダウンするのを待つことにしました。感情的になっているときには指導が入りにくいからです。

周囲の子どもたちには二人が落ち着いてから話を聞くことを伝えました。教師がこれからどのようにするのか、子どもたちは見ています。そのために、これからどのように指導するのかを子どもたちに伝えておくことはとても大事です。個人指導をしているつもりでも、教師の指導はすべて集団指導につながっています。

落ち着いてからF雄と二人で話しました。

T　「どうしたの？　何をしたかったの」

F雄「…いっつも俺ばっかり注意するんだ。さっきだってK男も話していたのに、俺だけ注意するんだ」

T　「そうか、F雄くんだけ注意されるのか。つらかったなあ」

F雄「そうだよ。R子さんは俺のこと嫌いなんだよ。だから俺だけ注意するんだ」

T　「R子さんに嫌われていると思っていたんだ。つらかったな。気がつかなくてごめんね」

私はF雄の言葉をそのまま受け入れました。私の共感的な言葉にF雄の身体から緊張感が消えていくのが感じられました。その後、F雄に「これからどうする」と自己決定を促すと、「R子さんにあやまる」と自分からR子の傍に行って謝ったのです。R子もF雄の気持ちがわかり謝りました。R子にとっても、F雄理解を深める機会となりました。

その後、トラブルの経過をクラスの子どもたちに伝えていきました。子どもたちにとってもF雄を理解する機会になりました。また、荒れるには「理由」があることを学ぶ機会にもなりました。

トラブルは要求の表れです。F雄のトラブルは、自分を大切にしてほしい、自分をもっと受け入れてほしいという要求の表れでした。

F雄の要求に応えるために、私は彼の話をじっくりと聴き取るようにしました。「カウンセリング」の「傾聴」の姿勢で向き合いました。F雄の話が事実と違っていても、是非を問わずに聴き取りました。

「しっかり聴いています」「もっと聴きたい」という合図として、「そうだったんだ」「なるほど」「つらかったね」「腹が立ったんだ」とオウム返しやうなずき、相づちを打ちながら聴き込んでいくようにしました。自分の思いを聴いてもらえているという実感が、「受け入れられている」という安心感と教師への信頼感となり、内に込めていた思いが言葉となって出てきます。

必要なことは、「先生は、F雄くんのつらかった気持ちはよくわかったよ。でもその表し方はまちがっていたと思うよ」と教師の考えを「私メッセージ」で伝えていきます。

そして最後は、「どうする」「どうしたい」と問いながら自己決定を促していきます。教師の力で謝らせるのではなく、F雄自身が謝るという行動を自己決定するように導いていきます。

このような対話の積み重ねが他者を受け入れる「心の余裕」をつくりだしていきます。

学級づくりがどんなに進んでも子ども同士のトラブルがなくなることはありません。ですからトラブルをなくそうとするのではなく、どのように解決していくかが大切です。

4 子どもを理解する

①保護者の話を聴こう

重い課題を抱えた子どもと出会ったときに、教師はどのように向き合ったらいいのでしょう。まず心にとめておきたいのは、彼らがトラブルを起こさないようにするには「どうしたらいいのか」ではなく、「なぜ」そのようなトラブルを起こすのか、そのトラブルによって、どんな思いを伝えようとしているのかを考えることです。

「席を離れる。キレる、暴れる、泣きじゃくる」など、トラブルの現象面から、その子どもが抱えている発達課題をつかんでいきます。そのような見方が、子どもとつながる第一歩になっていきます。

その「なぜ」を探るためには、保護者とつながっていくことが必要です。家庭訪問を繰り返し行うことで保護者とつながり、これまでの子育ての苦労を聴くことで、彼らの行動の背景やつらい思いに出会うことができます。

二年生のY子は、「学力」にかなりの遅れがみられました。一桁のくり上がり、くり下がりの計算にもつまずきが見られました。言葉の遅れもありました。

友だちとの関係でも、悪口を言い合いながら仲間はずしを繰り返していました。その中心にいたのがY子です。「Y子さんにたたかれた」「Y子さんが私の消しゴムを返してくれません」など、Y子への苦情が多く寄せられました。

Y子の「学力」の遅れと人との関わり方のつまずきは、とても心配でした。しかし、指導の見通しが、なかなか立ちませんでした。そこで、指導のヒントを求めて四月早々に家庭訪問をしました。

Y子には、思いもかけなかった生い立ちがありました。生まれながらに脳に障がいがあり、生後六カ月で脳の手術をしていました。その傷跡が今でも残っています。

その後いろいろな検査で異常はなくなり、幼稚園では少しずつみんなと仲良く楽しく遊べるようになったのですが、学校に入学すると勉強ができないからとバカにされたり、仲間はずれになったこともありました。運動も苦手なために友だちと上手に遊べずケンカになり、学校に行きたくないと家で暴れるようになりました。

そこで、母親は何とかみんなと同じことができるようにと、一年生からいろいろな習い事に通わせました。国語と算数の復習塾、体育がみんなと一緒にできるように体操教室、お友だちができるようにバスケットボールもやらせていました。一週間が塾漬けのような毎日でした。

「家でも宿題を見ていますが、できないので、いけないことだとわかっていてもついつい怒ってしまいます。するとY子もイライラして暴れることが増えてきました」と母親は最近の家での様子を話してくれました。

それでも最後には、「あの子は連絡帳も書いてこない、鉛筆をかじる、身の回りの整とんもできない子です。でも我が家にとってはかわいいい女の子で、宝物です。神様から授かった大切な命です。どうかよろしくお願いします」と涙を溜めながら話してくれました。

私はこの家庭訪問で、Y子のつらい思いに出会うことができました。母親の自分への大きな期待、それに応えようとするが応えられない自分へのイライラ感、そのイライラを友だちにぶつけていました。やりたくてもできない自分に苦しんでいました。

Y子の「荒れ」は、できない自分を含めてありのままの自分を認めてほしいという承認欲求の表れでした。家庭訪問がY子との出会い直しになり、指導の一歩を踏み出すきっかけとなりました。

②子どもの話を聴こう

子どもを理解する上でもう一つ大切なことは、周りの子どもたちから話を聴くということです。せいぜい一年か二年しか付き合わない教師と違い、子どもたち同士はずっと一緒に生活しています。中には幼稚園や保育園から一緒だった子どもたちもいます。家に帰ってから遊ぶこともあり、お互いの家のこともよく知っています。彼らは教師以上に時間も、空間も一緒に生活しています。教師が思っている以上にお互いのことをよく知っています。

ですから、困ったときには周りの子どもたちに相談します。指導に困っている子どものことについて相談すると、その子の得意なこと、好きなアニメのこと、幼稚園のときは泣いてばかりいたけれど最近は泣かなくなったこと、前より立ち歩きが減ってきていること、家でお手伝いをよくしていることなど、新たな発見ができます。

子どものことについて教師が知らないことはたくさんあります。子どもたちの話を聴くことは、指導に大いに役立ちます。

③わかろうと努力しよう

日常の遊びの中で、授業の中で子どもたちがどのように考え、どのように活動するのかを観察することで、子ども一人ひとりの世界が見えてきます。また、子ども同士の関係性が見えてきます。

しかし、子どもは日々成長しています。教師がどんなに努力しても、子どものすべてを理解することはできません。子ども理解は、教師のこれまでの経験の中で培われた「子ども理解のものさし」によって行われます。しかし、その「ものさし」からこぼれ落ちることはいっぱいあります。子どものすべてを「わかる」ことはできないということを常に心に留めておきます。

それでも、教師は子どもや保護者の話をじっくり丁寧に聴くなど、子どもをわかろうと努力することが大切です。子どものことをわかろうとする先生を、子どもも保護者も信頼してくれます。教師は、子どもたちの成長に合わせて子どもの見方を常に修正し、変更しながら自分の「ものさし」を大きくしていきます。

5 自己肯定感を育てる

①励まし、認め合う関係をつくり出そう

今、子どもたちは学年が進めば進むほど、授業の中での競争的価値観にとらわれ、自己肯定感が低くなっていくように思われます。人との競争の中で「できる・速い・強い」の価値観にとらわれていくために、できない子はできない自分を責め続けます。できる子はいつ自分が追い落とされるかの不安感を抱き続けます。できない子もできる子も、今の自分ではダメだという自己否定感に苦しめられています。自己否定感は激しい苛立ちとなり、他者への攻撃性へと転化していきます。

そこで、もう一度学びを喜びにつなげていくことが教師に求められています。そのために、まず大切なことは、子どもたちを「比べられ地獄」から救ってあげることです。一人ひとりの多様

な成長の仕方を認め合うようにします。「まだ～ができていない」ではなく、「少し～ができるようになってきた」と、少しの変化、少しの成長を認め合える学級をつくることが子どもたちに自己肯定感を育てていきます。

それぞれの子どもの得意なこと、興味のあることを励まし、ほめながら「やればできる自分」を発見できるようにしていきます。

②共同した学習、生活をつくり出そう

次に大切なことは、競争的価値観の中で孤立した学習を、共同した学習に転化していくことです。班のマークづくり、班新聞づくり、班での音読発表会、劇づくりなど、友だちとの話し合い、教え合い、みんなでやり遂げた達成感を授業の中で繰り返し積み重ねていくようにします。そうした経験の中で子どもたちは友だち発見、自分発見していきます。

友だちからの「すごいね」「すてきだね」「がんばったね」などのほめ言葉や励ましが勇気を与え、自己肯定感を育ててくれます。

③相互応答の関係をつくり出そう

さらに大切なことは、子どもたちが抱えているつらさや悲しみ、そして不安への教師の共感で

す。できない子どもたちは、教科書を出さない、ノートに書かないなど授業を拒否することで自分を守り続けています。さらに、「うるせえなあ」「ざけんなよ」「どうせやってもできない」などの激しい言葉で自分を守り、他者との関係を断ち切ろうとします。

彼らのそのつらい思いをじっくりと聴き取り、相互応答の関係をつくりだしていくことが大切です。

特に、彼らの閉ざされた心と身体を開かせるためには、ほめることが大切です。子どもたちの小さな変化を感じ取りほめ続けることです。ほめることは、「私はあなたを見捨てない」「君を大切にしているよ」というメッセージです。

6 学び続ける教師になる

教師の成長を妨げるものに「慣れ」があります。教師生活が三年目を過ぎた頃から仕事に「慣れ」が生まれてきます。この頃になると授業も、学級づくりもそれなりにやれるようになり、学ぶ意欲が少なくなり、素直さと謙虚さを失っていく教師に出会うことがあります。そうなると、子ども一人ひとりの思いよりも効率を優先するようになり、パワーに頼った指導に偏っていきます。気をつけなければなりません。三年目は教師にとって、どんな教師になるかの節目の年だと言われています。

経験すれば教師の指導力が自然に伸びていくというのも幻想です。経験によって子どもを上手に管理することや事務処理が早くなることはあっても、子ども一人ひとりに生きる力をつけていくという指導力はついていきません。では、経験を力にしていくためにはどのようなことが必要なのでしょう。

①実践を記録しよう

実践を記録しましょう。

私が初任のときに指導がなかなか入らない子どもがいました。その子どものことについて信頼できる先生に相談しました。するとその先生は、私にその子のことについていろいろと尋ねられたのです。

「その子が荒れたときのきっかけは何だったの」

「その子がよく関わる子はどんな子なの」

「その子が立ち歩くときと座っているときにはどんな違いがあるの」

私は、尋ねられたことに何一つ自信をもって答えられませんでした。そして先生から子どもを理解するためには、記録することの大切さを教えられました。

私はそのときから実践を記録するようにしました。記録というよりもメモです。一日の中で指導が受け入れられたときのことや指導に悩んだときのこと、失敗したことなど簡単に書きつづっておくようにしています。そうすることで自分の実践を振り返ることができます。自分の実践を振り返ることが、次の実践をするときの大きなヒントになっていきます。実践を振り返らないと同じことを何度も繰り返してしまいます。

それでも、書けない日もあります。特に忙しい時期になると書けない日が続いてしまいます。書けないときは子どもをよく見ていない、子どもの声を聴いていない、自分の実践が見えなくなっているときです。そんなときは実践が停滞していました。ですから、一行でも二行でも書くようにして、書けない日を少なくしていきました。少しでも書いてあれば、そのときの状況を思い出すことができます。このメモが自分で実践を振り返るだけでなく、学級通信に学級の様子を書くときや成績表の所見などにもとても役立ちました。

また、実践で悩んだときには、メモをもとに実践記録にまとめて、サークルなどで信頼する先生方に相談しました。すると、自分がそれまで見えていなかった子どもの見方や学級の課題が見えてきました。記録が実践をさらに広げる機会になっていきました。

②クラスをオープンにしよう

クラスをオープンにしましょう。

私もそうでしたが、若いときには独りよがりで自分の実践が見えなくなっていることがあります。また、「学級王国」になり、他の先生からの批判を素直に受け入れることができなくなってしまうこともあります。そんなときは子どもや教師が成長する可能性を閉じこめてしまっているときです。

学級の子どもたちを担任一人だけで抱え込まずにいろいろな教師に出会わせることが必要です。多くの目で子どもたちを見てもらうようにします。そのためにも学年の教師や信頼できる教師などには、学級の様子を日常的に話しておくようにしましょう。特に指導が入りにくい子どもの様子は早い時期から話しておくようにします。子どもの状況を知っていれば、的確なアドバイスができます。

また、授業も多くの教師に早い時期から見てもらい、アドバイスをもらうようにします。一度だけでなく、何度も見てもらうことで子どもたちの変化や教師としての成長を見てもらうことができます。授業力を早くにアップするためにも早い時期にクラスをオープンにしましょう。

子どもたちも、教師も学級に閉じこもらないようにします。「学級王国」から抜けだす努力が必要です。そして、他の教師からの批判を素直に、謙虚に受け入れられる心の器を大きくしていくことが、教師としての成長につながっていきます。

③授業を参観しよう

多くの教師の授業を参観しましょう。

私は初任のときに若い教師が多かったこともあり、「授業参観をしたいときには一日前にお願いする」という約束で、先輩の先生方の授業を自由に参観することができました。空き時間のあるときにはできるだけ授業を参観させてもらいました。授業を参観することで、教師の話し方、聞き方、子どもへの関わり方、授業のルールなどたくさんのことを学ぶことができました。

私は校内の授業参観だけでなく、所属しているサークル（全国生活指導研究協議会）で活躍している先生方の授業も参観しました。ときには休みを取って参観に行ったこともあります。そこで、私にとっての「憧れの授業」に出会うことができました。子どもたちの生き生きした姿、積極的に自分の意見を言う子どもたちの姿、子どもたちをほめる教師の言葉、表情など今でも思い出すことができます。

「いつかあのような授業をしてみたい」「あのような授業ができる教師になりたい」と憧れの授業、憧れの教師を持つことは、その後の学ぶ意欲を高めてくれます。

④地域のサークルで学ぼう

学校から飛び出し、地域の教育サークルの学習会に積極的に参加しましょう。

私は初任のとき以来、全国生活指導研究協議会（全生研）に所属し、集団づくりを自分の実践の柱にしてきました。この研究会での学習は私の目を開かせてくれました。学校に閉じこもっているだけでは見えなかった子どもの見方や指導のあり方など、目から鱗《うろこ》が落ちるように私の心に浸透していきました。

私が苦しかったときには全生研の仲間に何度も支えてもらいました。また、全生研での優れた実践との出会いは、私の教師生活のエネルギーになっていきました。本当に感謝しています。

教師は専門職です。自分の専門を身に付けていくことは、教師であり続けるためには必要なことです。子どもを取り巻く状況が日々変化していくように、子どもたちも日々変化していきます。その変化に合わせて教師も変化し、成長し続けなければなりません。教師であり続けるためには学び続けなければなりません。

7 ヘルプを出す

①同僚にヘルプ

四年生のM雄を担任したときのことです。M雄は重い発達障がいを抱えていました。私を一番悩ませたことは、M雄が友だちをすぐに殴ることです。授業中も教室内を徘徊しながら友だちの頭をポンポンと叩いていきます。激しい他傷行為と言葉の遅れが友だちとの関係づくりを困難にしていました。四月から立ちつくす日々が続きました。

五月になり運動会の練習が始まる頃には、私は心身共に限界状況になり、悩み向いた末、職員会でM雄の状況を話し、ヘルプをお願いしました。

ヘルプをお願いすることは勇気がいります。「周りの先生からダメ教師の烙印《らくいん》を押されるのではないか」「自分の実践の不手際をさらけだしてしまうことではないか」など悩みましたが、M

雄の課題は一人で背負うには重すぎました。勇気を出してヘルプをお願いしました。

すると、翌日から空き時間の先生方が教室に入ってくれるようになり、隣に座りながら相手をしてくれるようになっていきました。多くの先生方が私のヘルプに応えてくれました。うれしかったです。その甲斐あって、落ち着いて他の子どもたちの指導に当たることができるようになりました。

さらに、私はM雄に関わってくれた多くの先生方からたくさんのことを学ぶことができました。直接M雄に関わることで、それぞれが感じたこと、彼の行動の背景や好きなことなど、私の知らなかったことを教えてもらい、指導に活かすことができました。また、学校の中に仲良しの大人が増えていったことは、M雄の成長に大きくつながっていきました。

職場が持つ共同のちからの大きさを感じることができました。

②保護者会にヘルプ

職員だけでなく、保護者にもヘルプをだして指導を支えてもらいました。

最初の保護者会で少しでもM雄を理解してもらえるように次のように話しました。

「M雄くんはこれから、いろいろな面で多くの子どもたちに迷惑を掛けることがあると思います。昨年度まで一緒だった子どもたちは本当によく面倒を見てくれて頭が下がります。でもダメなことはダメとしっかり教えていきたいと思っています。何かあったら、我慢することなく私の方に連絡してください。M雄くんにとっても、ほかの子どもたちにとっても、お互いに関わり合い、支え合いながら成長し合えるクラスにしたいと思っています」と話し、M雄がいることで、一人ひとりが成長できるクラスにしたいということを伝えていきました。保護者にもクラスの状況をオープンにしながら協力をお願いしました。

その後、M雄に叩かれたおうちに電話すると、「大丈夫ですよ、お互い様ですよ。娘はM雄くんを嫌っていませんから安心してください」とうれしい言葉が返ってきました。保護者に支えられることで安心して実践が進められたと思っています。

③子どもたちにヘルプ

私を一番支えてくれたのは子どもたちです。最初に、M雄に関わってくれたのが、S子でした。何度抱きつかれたり、消しゴムを取られたりしても嫌がらずに関わっていました。私はS子と彼女の友だち四人にM雄を助けてあげてほしいとお願いしました。彼女たちはグループの名前を「お助け隊」と名付けて、休み時間にはM雄を誘って一緒に遊んでいました。また、休み時間のたびに散らかったM雄の机の周りを、私と一緒にきれいにしてくれました。鉛筆も削ってあげて授業の準備もしてくれました。

このグループはやがて七人になり、私が教室に持ち込んだ段ボールを使って、M雄と一緒に家作りに取り組むなど、一緒に楽しく遊んでいました。時々抱きつかれたり、髪の毛をつかまれたりしながらも辛抱強く関わってくれました。この「お助け隊」のおかげで、M雄のトラブルはぐっと減っていきました。私は彼らに本当に助けられました。

そして、この「お助け隊」の子どもたちがM雄と他の子どもたちとの距離を縮めてくれました。子どもたちは教師に頼りにされたときに大きな力を発揮してくれます。

今、学級の中には重い課題を抱えた子ども、障がいを抱えた子ども、いじめ、貧困など担任一人では抱えきれない課題が山積みです。それらの課題に一人で立ち向かおうとすれば、身体も心も壊れてしまいます。早めに近くの教師にヘルプを出すことです。

ヘルプを出すことは恥ずかしいことではなく、教師として必要な力です。ヘルプを出すことで助けられるのは教師だけではなく、子どもたちこそ助けられているのです。教師のプライドよりも子どもたちの成長が大切です。プライドはしばらくしまっておきましょう。

8 先輩教師とつながる

①質問から始めよう

私が教師一年目のときに、ドキドキしながら初めて職員会議で意見を言ったことが思い出されます。

運動会で子ども一人ひとりの自画像を、万国旗の代わりに飾ってみたいと思ったのです。その意見を思い切って、職員会議で手を振るわせながら言ってみました。すると多くの先生方が賛同し、私の意見が通ったのです。

運動会当日には、青空の下、全校の子どもたちの自画像が飾られました。自画像の下で子どもたちが運動会を楽しんでいる姿を見られたことはとてもうれしかったです。夢が叶った思いでした。職場の先生方に支えられていたのですね。

その後、職員会議では、できる限り意見を言うようにしています。子どもたちにとって良い提案のときには賛成意見を、疑問があるときには質問、ときには反対意見を言うようにしてきました。特に、反対意見を言うときには勇気がいります。今でもドキドキします。そんなときには自分の意見が独りよがりになっていないかを確かめるためにも、事前に何人かの先生方の意見を聞くようにしました。

会議で子どものノートを見たり、日記を見たりと、いわゆる「内職」をしている教師を見かけることがあります。忙しさはわかりますが、とても気になります。

初任のときなど、会議で話されている言葉がわからないことがあります。また、行事に向けて学級で事前に何をしなければならないのかなど、わからないことにたくさん出会います。そんなときには先輩の先生に進んで質問します。会議の内容を教師がしっかりと理解していないと、子どもたちが混乱します。

教師にとって聞くことは恥ずかしいことではありません。多くの先生が通って来た道です。

会議で提案された内容については子どもの目線で読み取っていきます。

「重い課題を抱えた○○くんにはできるのだろうか」「この案で子どもたちは意欲的に取り組むだろうか」「子どもたちの権利を奪っていないだろうか」など子どもの立場から問い直してみましょう。

次に、提案された案に納得できないことがあれば質問から始めます。

「うちの学級の◯◯くんは、この案だとできないと思うのですが、どうしたらいいのでしょうか」

と、少数の子どもたちの立場に立って質問していきます。

②信頼できる教師に相談する

さらに、その提案をどうしても受け入れられないときには、事前に信頼できる教師に相談して意見を聞いてもらいます。若いときには独りよがりになりがちです。それでも若い人の意見は学校に新しい風を吹き込みます。

提案された案に真剣に向き合い、少しずつ意見を言うことを積み重ねていくことが、会議を自由に意見が言い合える場に変えていくことであり、生きやすい職場づくりへの道です。

9 感情をコントロールする

①感情的になりそうなときはその場から遠ざかる

私が初任のときに、クラスに嫌なことがあると、教師にも友だちにもすぐに噛みつくD男がいました。ある日、授業中に突然イスから立ち上がり、友だちに噛みつこうとしたときに、私は思わず大きな声で「やめなさい」「噛みつくな」と叫んでしまいました。

大きな声で叫んでも何の効果もないことがわかっていながら、感情的に怒鳴ってしまったのです。感情的になったときには、いつも自己嫌悪になって落ち込み、疲れがどっとやってきます。「どうしたの。嫌なことがあったら話してごらん」と冷静に対応することができませんでした。まさに指導の未熟さの表れです。

教師が子どもたちを思い、子ども同士をつなぐ実践をつくり出そうとしても壁にぶつかり、うまくいかないときは度々あります。「ざけんなよ」「やりたくない」「近づくなよ」など激しい言葉で反抗する子どもに出会ったときには思わず感情的になります。掌《てのひら》が拳《こぶし》になり、身体中から汗が吹き出し、感情的な言葉を子どもに向かって言ってしまいます。

しかし、感情的なやり方は一時的な効果はあっても、子どもの成長をつくりだすことは決してできません。むしろその度に子どもとの関係は悪化し、教師としての自信も奪われていきます。

第Ⅰ部の「授業づくり」でも書きましたが、感情をコントロールすることは教師にとって必要な力です。しかし、その力をつけていくことは難しいことです。

私は、感情的になりそうなときにはその場面から遠ざかるようにしました。また、そんなときこそ冷静に、ゆっくり話すようにしました。

②発達の面から子どもをとらえよう

高学年になると、子どもは「その服、似合っていないよ」「白髪が目立つよ」など憎まれ口を言いながら教師に近づいてきます。その度にイライラすることがありますが、そういう言い方が彼らの挨拶だと思うと、イライラも治まります。

また、この時期は自我が芽生え始め、教師や大人からの押しつけには反発する時期です。反発と甘えを繰り返しながら自我を形成していきます。ですから、この時期に教師に見せる反抗的な態度は成長でもあります。このように発達の面から子どもたちを見ると、感情的にならずに見守ることができるようになってきます。

また、荒れる子どもたちの「できるようになりたい」「もっと認めてほしい」「さびしさをわかってほしい」という荒れざるを得ない背景や願いが見えてきたときに、感情的にならずに冷静に対応することができます。

子どもたちの荒れは、教育の情勢や彼らを取り巻く状況など構造的な問題から生まれたものです。子どもを深く理解し、指導のあり方を学んでいくことで冷静な対応ができるようになっていきます。学び続けることが感情をコントロールする力を育んでいきます。

おわりに

初任者指導教員としての二年間は、わたしにとって貴重な経験でした。初めて教壇に立った先生と一緒に一から新鮮な気持ちでやり直すことができ、感謝しています。

初任の先生は「楽しい学級」「わかる授業」を目指して教師としてのスタートを切るのですが、四月当初から様々な悩みを抱えることになります。

「子どものおしゃべりが止まらない」「指示が子どもたちに伝わらない」「指示したことを何度も聞きに来る」「授業が思い通り進まない」などなど。これらの悩みは多くの教師が抱え続けてきた悩みです。この悩みを解決するためには指導技術を磨いていかなければなりません。

しかし、技術を身に付けることは一朝一夕にできることではありません。何度も失敗し、つまずきながら少しずつ自分なりのものを身に付けていきます。また、その技術に対する反応は子どもによって、発達段階によっても違ってきます。ですから、教師であり続ける限り磨き続けなければなりません。ゴールはありません。

まずは教師の笑顔づくりから始めましょう。笑顔は子どもたちに安心感を与えます。安心感が子どもたちとつながる大きな力になります。教師と子どもたちがつながり、笑顔が生まれる授業を目指していきましょう。そして、そのための話し方、聞き方、評価の仕方など一つ一つ学んでいきましょう。

わたしは、そのためにたくさんの先生方の授業を参観しました。そして、憧れの授業に出会うことができました。子どもたちの生き生きした姿、リーダーを中心に積極的に話し合う子どもたちの姿、子どもたちを褒める教師の言葉、表情など今でも思い出すことが出来ます。日常の授業をたくさん参観することは、自分の指導を問い直す機会になります。実践から学ぶことはたくさんあります。

教師の道は厳しく、つらいこともありますが、喜びにもたくさん出会います。失敗やつまずきも心配することはありません。多くの教師が通ってきた道です。失敗を怖がらずに、子どもたちとの関係を大切にしながら、教師としての力を着実に身に付けていきましょう。本書がそのために少しでも役に立つことができればうれしいです。

最後になりましたが、イラストで実践のイメージを豊かにしてくださった漫画家の広中建次さん、本書を書くにあたって辛抱強く丁寧な指導をしてくださった金子さとみさん、出版のために最後までご尽力頂いた高文研の小林彩さんに心からお礼申し上げます。ありがとうございました。

二〇一六年一月二〇日

齋藤　修

齋藤　修（さいとう・おさむ）
1953年、福島県に生まれる。1978年から35年間、千葉県の公立小学校に勤務。退職後2年間初任者指導教員。現在、千葉大学非常勤講師。全国生活指導研究協議会常任委員。
著書に『〝遊び心〟で明るい学級　学級担任「10」のわざ』(高文研)、共著に『学級崩壊』(高文研)『荒れる小学生をどうするか』(大月書店)『子ども集団づくり入門』(明治図書)『教師を拒否する子、友達と遊べない子』(高文研)がある。

授業を見直す16のポイント
信頼を育む9つのわざ

●二〇一六年　二月一〇日――――第一刷発行

著　者／**齋藤　修**

発行所／株式会社 **高文研**
東京都千代田区猿楽町二―一―八
三恵ビル（〒一〇一―〇〇六四）
電話03＝3295＝3415
http://www.koubunken.co.jp

印刷・製本／三省堂印刷株式会社

★万一、乱丁・落丁があったときは、送料当方負担でお取りかえいたします。

ISBN978-4-87498-588-5　C0037